MW01538209

"Como pastor principal, estoy enfrentando más y más preguntas acerca de la homosexualidad y los asuntos relacionados con la atracción al mismo género. Desafortunadamente, muchos en la comunidad cristiana parecen estar divididos entre "aceptar por completo la teología que afirma la homosexualidad" y "todos los homosexuales van al infierno". Guy Hammond te ayudará a encontrar un buen punto intermedio. Él nos está ayudando a reflexionar sobre los temas y responder de una manera bíblica y amable".

—*Rev. Mark Hazzard, Pastor Principal*
Asambleas Pentecostales de Canadá

"Agradezco el trabajo que Guy Hammond está liderando en esta área. Él está ofreciendo un camino por el cual personas que a menudo se han sentido olvidadas u excluidas por nuestros ministerios pueden encontrar comprensión. Aprecio la disposición de Guy a enseñar clases que ayudarán a abrir los ojos de los cristianos a las necesidades de las personas dentro de nuestras iglesias que luchan con esta tentación específica".

—*Dr. G. Steve Kinnard, Evangelista y Maestro;*
Ciudad de Nueva York, New York

"Guy Hammond es un colega y amigo. Guy es un alma valiente que se encuentra en un camino personal para alejarse de la homosexualidad e ir hacia el servicio a los demás en Jesús, usando sus dones y talentos para ofrecer esperanza a aquellos que están luchando contra las atracciones por el mismo sexo y educando a los cristianos sobre cómo tener un amor sacrificial para la gente mientras honran sus convicciones personales."

—*Rev. Jayson Graves, M.MFT, terapia & orientación para*
Healing for the Soul, Colorado Springs, CO

"En esta época, cuando la atracción por el mismo sexo se ha convertido en un problema político emocional, hay cantidades abundantes de desinformación. Lamentablemente, para algunas personas la única experiencia con las comunidades religiosas en el trato con la atracción por el mismo sexo ha sido la de burla y malicia. La enseñanza de Guy Hammond es bíblica y personal. Es semejante a Cristo en la forma en que combina convicciones profundas con compasión ilimitada. El resultado es esperanza y dirección para cristianos y los que todavía no son cristianos. Este ministerio es la respuesta a muchas de nuestras oraciones. Recomiendo encarecidamente Strength in Weakness a todos los que quieran tener un ministerio eficaz con aquellos que luchan con la atracción por el mismo sexo."

—*Sheridan Wright, Evangelista;*
Ciudad de Nueva York, New York

"Ningún ministerio es tan desafiante como aquel que intenta un acercamiento verdaderamente bíblico a aquellos que luchan con la atracción por el mismo sexo. O bien hay un consentimiento impropio para acomodar relaciones ilícitas bajo el disfraz de tolerancia cristiana o esfuerzos bien intencionados pero ingenuos que condenan tan fuertemente que no se puede escuchar el amor genuino y la preocupación. Caminando sobre una cuerda floja delicada, el ministerio de Strength in Weakness logra un buen equilibrio, presentando la verdad de Dios con humildad y respeto. Sólo uno que ha recorrido su propia cuerda floja personal puede ayudar de manera tan poderosa a otros a conocer la alegría de la obediencia ante la enorme lucha. El ministerio comprensivo y valiente de Guy Hammond es una bendición providencial para un segmento de la sociedad que típicamente la iglesia no entiende ni desea dar la bienvenida."

—*Dr. F. LaGard Smith, Escritor y Académico;*
Nashville, Tennessee

"Tenemos mucho que aprender sobre la belleza del propósito de Dios para nuestra sexualidad, así como sobre amar, respetar y mantener en confianza y orar por aquellos que no están de acuerdo con nosotros o que están ellos mismos con profundo dolor en la iglesia debido a la atracción por el mismo sexo. Para aquellos que buscan vivir en gracia y en verdad, tanto el ser sentencioso como la plena defensa de la justicia de la expresión homosexual fallan en cuanta a la atención pastoral. Una tercera vía es esencial hoy en día. Guy Hammond, a través de su experiencia y ministerio, nos invita a considerar el camino de Jesús, con sensibilidad, transparencia y honestidad. Le recomiendo por su valentía al tratar asuntos difíciles, y la manera amable de su presentación que fomenta la conversación compasiva."

—*Ron Fraser EdD, Ex Presidente; Colegio Bíblico de Alberta,*
Calgary, Alberta, Canadá

La Preocupación Más Allá de los Márgenes

Segunda Edición

Guy Hammond

La Preocupación Más Allá de los Márgenes

Lo que Todos los Cristianos Necesitan
Saber Acerca de la Homosexualidad

Segunda Edición

ILLUMINATION PUBLISHERS IP

La Preocupación Más Allá de los Márgenes (Segunda Edición)

Lo que Todos los Cristianos Necesitan Saber Acerca de la Homosexualidad

© 2018 by Guy Hammond

ISBN: 978-1-946800-92-3.

A menos que se indique lo contrario, todas las referencias de las Escrituras son de la Santa Biblia, Nueva Versión Internacional, derechos de autor 1979 por Biblica. Utilizado con permiso de Zondervan Bible Publishers.

Cubierta y diseño del libro interior: Toney Mulhollan. El tipo textual se presenta en ITC Officina Serif y Sans.

Cualquier dirección de Internet impresa en este libro se ofrece como un recurso. No tiene la intención de ser ni implicar un endoso por Illumination Publishers.

Illumination Publishers está comprometida a cuidar sabiamente la creación de Dios y usa papel reciclado siempre que sea posible.

Los títulos de Illumination Publishers se pueden comprar a granel para la instrucción en el aula, negocios, recaudación de fondos, o uso promocional de ventas. Para información, por favor envíe un correo electrónico a paul.ipibooks@me.com.

Traducido por Chris & Amparo Pople.

Sobre el Autor: Antes de convertirse en cristiano en 1987, Guy vivió la vida de un homosexual activo durante más de una década. Hoy es el director ejecutivo de Strength in Weakness Ministries, educando a cristianos en los asuntos complejos y candentes asociados con la homosexualidad y las atracciones por el mismo sexo. Ha enseñado a decenas de miles de personas a través de sus talleres en todo el mundo. Está casado desde 1991 con su esposa, Cathy, y tienen cuatro hijos. Viven cerca de Toronto, Ontario, Canadá.

ILLUMINATION PUBLISHERS

www.ipibooks.com
6010 Pinecreek Ridge Court
Spring, Texas 77379-2513

Índice

Dedicación

A mi esposa, Cathy, el milagro en mi vida

Expresiones de gratitud

Mi esposa, Cathy, y yo hemos estado juntos en este viaje desde 1991. ¿Cómo podría agradecerte lo suficiente, cariño, por creer en mí cuando a menudo no creía en mí mismo? Tú eres mi amor y mi alegría absoluta de mi vida, el regalo más grande que Dios me ha dado. Te apreciaré hasta el último aliento.

Mis cuatro hijos increíbles han estado en este viaje también, pero no tenían la opción - ¡lo siento por eso, hijos! Soy consciente de que no es fácil para ustedes tener un padre que tiene una atracción por el mismo sexo. Gracias por amar a su papá tan incondicionalmente y no permitir que esta debilidad me disminuya en sus ojos. No es posible que entiendan lo mucho que les amo, y que tan agradecido que estoy de tenerlos en mi vida.

Mis padres y mis hermanos son obviamente una gran parte de mi historia. Gracias por ser tan pacientes y comprensivos conmigo mientras me esfuerzo por entender esta parte de mi vida. Hasta hace poco ustedes no sabían de mis problemas de atracción por el mismo sexo, y quiero que sepan que soy un cristiano fiel, con una vida increíblemente feliz y llena, y que cada uno de ustedes es una gran parte de eso.

Mis más cercanos asesores y amigos de confianza, Mike y Barb Lock, Andrew y Suzette Lewis, Dave y Rejane Burrage, y Sheridan y Debbie Wright, gracias por todo lo que han hecho por la familia Hammond.

Mi junta asesora de Strength in Weakness Ministries ha sido de mucha ayuda. ¡Gracias por su disposición a asociar su reputación valorada con este ministerio a veces frágil y fuera de los límites! Dr. Douglas Jacoby, Andrew Lewis, Dr. F. LaGard Smith y Dra. Jennifer Konzen, estoy increíblemente agradecido por la amabilidad que me han brindado.

Mi equipo de apoyo en Strength in Weakness Ministries ha ayudado a hacer que mi sueño se haga realidad al establecer un ministerio que ayuda a cristianos atraídos por el mismo sexo en todo el mundo. Este ministerio empezó conmigo ayudando a unas pocas personas con mi computadora portátil, ahora tocando las vidas de miles de personas alrededor del mundo. Nada de esto hubiera sido posible sin ustedes. Gracias a Brandon Redler, a Morgan Roberts, a Daniel Forschner, a Michael Yager, a Ellen Radcliff, a Sam Tacher, a Kris y a Nicole Boyer, a Kathy Mac-Brien, a Stephen y a Deb Bowen y a Roy Appalsamy por su constante participación.

Prólogo

Cuando por la primera vez nos conocimos en Canadá, no tenía ni idea de que Guy Hammond tenía antecedentes homosexuales. Para mí, era un canadiense amable que predicaba fielmente el Evangelio en una de las naciones más liberales de nuestro planeta. Más tarde invité al alto canadiense a una conferencia internacional que yo estaba dirigiendo para hablar sobre la revolución homosexual de nuestra sociedad. Sin saber nada de los antecedentes personales de Guy, aparte del hecho de que era un cristiano comprometido, extendí la invitación sólo en la creencia de que, como ciudadano de una sociedad liberal, ciertamente prepararía un taller interesante.

¡Guy nos dio mucho más de lo que esperábamos! Abriéndose sobre su pasado, compartiendo sentimientos profundos (tanto esperanzas como dolores) con los participantes en la conferencia, modelando la sinceridad cristiana y explorando la verdad en un ambiente público, se ganó el cariño de todos. Su taller fue un punto culminante de la conferencia. Creo que también se dio cuenta de manera concreta de que aún era respetado a pesar de sus antecedentes y de hecho quizás reverenciado aún más por su valor y autenticidad. Ciertamente mi impresión inicial de su integridad y coraje sólo ha aumentado a través de los años.

Sin embargo, el ministerio de Guy Hammond se ha expresado en algo más que el taller ocasional sobre la atracción por el mismo sexo. Durante muchos años, Strength in Weakness, un ministerio dinámico fundado por el autor, ha ofrecido una inestimable orientación espiritual a hombres y mujeres atraídos por el mismo sexo en todo el mundo. Él y su equipo también han estado educando a los líderes de la iglesia y a los miembros sobre cómo ofrecerles ayuda práctica a aquellos que no desean tener atracciones por el mismo género, de una manera respetuosa, digna y compasiva.

Por estas razones, es un honor para mí elogiar a Guy Hammond, un amigo y colega de confianza, y recomendar La Preocupación Más Allá de los Márgenes (Segunda Edición). En este libro has hecho una compra sabia. Guy es un verdadero pionero, uno que podemos seguir a pesar de lo que hay en nuestro pasado personal. Que el Señor nos conmueva a todos a seguir su Espíritu y a vivir vidas de autenticidad, arrepentimiento y renovación.

—Dr. Douglas Jacoby, Atlanta, Georgia
Miembro de la Junta Asesora, Strength in Weakness Ministries

Introducción a la Segunda Edición

Mi Vida en las Márgenes

> Y este revoltijo es tan grande
> y tan hondo y tan alto,
> que no podemos recogerlo;
> ¡No hay ningún modo!
>
> —Dr. Seuss, *El Gato Ensombrerado*

Solía odiar ser atraído homosexualmente; ya no. No es que me gusta con locura, ya que esta realidad en mi vida sigue siendo algo de una carga para mí. Ciertamente no discutiría con el Señor si llegaría el día en que él decidiera quitar mis atracciones por el mismo género y hacerme una parte de la tendencia dominante heterosexual. Dicho esto, es cierto que mi punto de vista como cristiano, que también está emocional y físicamente atraído por el mismo sexo, se ha transformado radicalmente desde el otoño de 2006. Antes de ese tiempo, durante los primeros nueve años de mi camino cristiano, debo decir que el sufrimiento de las atracciones homoeróticas y las tentaciones produjeron el mismo tipo de caos y desorden en mi corazón y en mi mente que el Gato hizo en el hogar de dos niños aburridos y desprevenidos en el famoso libro para niños del Dr. Seuss, El Gato Ensombrerado. Sin duda, cuando miré hacia adentro, el desorden que la homosexualidad había causado en mi alma era tan grande y tan hondo y tan alto que no podía recogerlo y tirarlo, ¡no había ningún modo! Consecuentemente y tristemente pasé casi dos décadas lamentándome y odiando esta "cosa" con la cual sentía que estaba plagado. Y realmente, eso es lo que era para mí: una dolencia, una discapacidad o una enfermedad que nadie, al parecer - incluyendo a Dios - tenía la capacidad de sanar.

No estoy físicamente discapacitado, así que no me atreveré a entender las dificultades diarias que sufre un discapacitado, pero es preciso decir que pasé muchos años creyendo que estaba incapacitado emocional y espiritualmente. De hecho me sentía paralizado, confundido, frustrado y, a menudo, aislado; o diría yo, alguien que vivió no sólo fuera de los márgenes de la sociedad, sino también en mi propio perjuicio, de los márgenes de la iglesia. Francamente, en la iglesia, vivir mi vida como cristiano mientras era un hombre homosexualmente atraído había sido en su mayor parte una experiencia solitaria y agotadora.

Entonces, muy inesperadamente, en la mañana del 19 de septiembre de 2006, abrí mi bandeja de entrada de correo electrónico, como normalmente hago para comenzar mi día, y encontré un mensaje que me obligaría a seguir un camino de curación que nunca habría creído posible. El Dr. Douglas Jacoby, una autoridad internacionalmente reconocida en la apologética cristiana, me invitaba a hablar en un seminario internacional anual que estaba organizando en Washington DC; mi tema: "Liberación Sexual y el Movimiento por los Derechos de los Homosexuales". Me quedé atónito. ¡Había guardado esta información de mi pasado homosexual y la continuidad de mis atracciones homosexuales encerradas más apretadamente que Fort Knox (una reserva de oro)! A excepción de mi esposa y algunos de mis más confiables consejeros espirituales, no hablé de esto a nadie. Yo estaba demasiado avergonzado e incómodo y temeroso de rechazo para que la gente supiera quién era realmente. En cuanto al doctor Jacoby, en el mejor de los casos, era un conocido lejano, alguien a quien me había reunido brevemente en unas pocas conferencias, así que ¿cómo es que él se enteró de mi situación? ¿Quién había traicionado mi confianza y cómo había llegado esta información a sus oídos?

Herido y ofendido, y demasiado aterrorizado para tratar el tema delante de un público de cualquier tipo, y mucho menos un grupo de líderes de iglesias internacionales y pastores que nunca había conocido, rechacé su oferta. Él pacientemente explicó que no tenía ningún conocimiento previo de mis problemas con las atracciones del mismo sexo. Entonces me pareció que las estrellas se habían alineado, que simplemente había ganado la suerte del sorteo, o tal vez más cerca de la realidad, que ninguno de los otros oradores invitados había querido el tema controvertido. Llegué a descubrir que el Dr. Jacoby no había preguntado a nadie más y simplemente quería mis opiniones basadas en el hecho de que yo provenía de un Canadá muy liberal en este sentido, lo que significa que yo tendría una perspectiva más única sobre el tema que la mayoría de los otros oradores, casi todos americanos. Espiritualmente, creo que Dios me estaba obligando a tener que finalmente tratar esta muy rota y débil parte de mi vida que había causado tanto daño y había producido una existencia que no era representante del tipo de vida que Dios había querido que yo experimentara. Al llegar a este descubrimiento llamé al Dr. Jacoby y acepté su invitación. Yo no sólo enseñaba esa clase, sino que compartía la historia de mi propio pasado homosexual y lo que era vivir con las atracciones del mismo sexo como un cristiano. Esa conferencia y taller de noventa minutos fue un acontecimiento atemorizante y liberador. Me impulsó a comenzar este cambio que he experimentado desde entonces con la dirección del Espíritu Santo.

¿Cómo ha cambiado Dios mi visión de esta espina en mi vida? ¿Qué esperanza hay para mis hermanos y hermanas atraídos por el mismo sexo? En resumen (algo que discutiré más a fondo más adelante en este libro) hay estas cuatro verdades simples pero transformacionales:

1. Si bien vivir una vida de homosexualidad activa es pecaminosa (Levítico 18:22, 20:13, Romanos 1:26-27, 1 Corintios 6:9-10), simplemente ser atraído por el mismo género no lo es.

2. El objetivo primordial para el discípulo de Jesús atraído por el mismo sexo no es que tenga atracciones heterosexuales, sino que viva una vida de santidad mientras vive también con las atracciones por el mismo sexo.

3. Dios no está avergonzado de los cristianos atraídos por el mismo sexo. Su valor y mérito para él y su iglesia no se basan en ese criterio.

4. Todos los seguidores de Jesús que son atraídos por el mismo sexo pueden vivir sin duda una vida cristiana exitosa de la que Dios estaría increíblemente orgulloso, independientemente de que sus deseos homoeróticos desaparezcan o no.

Como me encontré más allá de los márgenes

Empecé a participar en la homosexualidad a la edad de once años, y eso continuó hasta los veinticuatro años. Para entonces, más de una década de actuar en la actividad homosexual: encuentros sexuales clandestinos y anónimos con desconocidos; vivir una doble vida; oculta a plena vista; incapaz de ser real con personas cercanas, temeroso de lastimarlas si sabrían la verdad; y una relación rota con un novio de varios años habían hecho tanto daño. Espiritual y emocionalmente, sabía que ya no tenía fuerzas para vivir así. Afortunadamente, Dios tenía otro plan para mi vida.

Entre el otoño de 1985 y el verano de 1987 me enseñaron de manera consistente y amorosa las escrituras y la ética sexual bíblica. A finales de la tarde del 15 de agosto de 1987 en el norte de Toronto, Canadá, ambos yo y el hombre que me enseñó la Biblia saltamos la cerca de una piscina pública mucho tiempo después de que se cerró, y justo antes de que el guardia de seguridad saliera corriendo de la nada para expulsarnos de allí sin cortesía, fui bautizado y le di mi vida a Cristo. Nunca he estado involucrado en ningún tipo de actividad homosexual desde esa fecha.

Lo que ha ocurrido después de aquella calurosa noche de agosto es un verdadero testimonio del asombroso poder de Dios, porque no sólo me perdonó el Señor, sino que me permitió encontrar y enamorarme de una mujer cristiana maravillosa. Cathy y yo, desde la elaboración de este libro, hemos estado locamente enamorados el uno del otro durante más de veinticinco años. Como si un hombre no pudiera ser suficientemente bendecido, se nos han dado cuatro hijos asombrosos - dos biológicos y dos adoptados - los cuatro ya son jóvenes adultos, y todos los cuatro amados y preciados más allá de su comprensión. Profesionalmente, Dios ha elegido esta vasija muy rota para servir en el ministerio a tiempo completo por casi veinte años y ahora supervisar Strength in Weakness Ministries, una organización que fundé y que se dedica a educar a la iglesia sobre los temas que estamos discutiendo en este libro.

A pesar de estos logros, como he mencionado, sigo viviendo más allá de los márgenes, como la espina de las atracciones homosexuales sigue siendo una realidad en mi vida, incluso tres décadas después de dejar esa existencia para siempre. No entiendo por qué Dios trabaja de la manera que lo hace, e independientemente de miles de horas de oración y suplicación y confesión y lectura y estudio y esfuerzos, y después de veinticinco años de matrimonio, criar una familia y dedicar mi vida a la enseñanza a otros acerca de Dios, permanece mi atracción por el mismo género. Independientemente de las innumerables veces que he pedido a Dios que la quite, su respuesta ha sido: "Te basta con mi gracia, pues mi poder se perfecciona en la debilidad" (2 Corintios 12: 9).

Por lo tanto, sigo viviendo fuera de las líneas, más allá de los márgenes, en la franja, porque sé que debido a mis atracciones homoeróticas, soy considerado por muchos, como dice Pablo en 1 Corintios, una de las "más bajas de este mundo", "Una de las "cosas despreciadas". Me doy cuenta de que en la iglesia - porque este tema es tan complicado y misterioso - todavía soy algo de una rareza. Entiendo que por estar fuera de la tendencia dominante heterosexual, mi vida es confusa para la mayoría, y así, más allá de los márgenes, continúo existiendo. Sin embargo, no sólo "existo". No, de hecho he aprendido a prosperar, porque la homosexualidad solía tener control sobre mí, pero por el poder de Dios, ahora tengo control sobre ella.

Trabajando en una computadora portátil en mi sótano ayudando a unos pocos, hasta...

Cuando empecé mi ministerio Strength in Weakness para ayudar a otros cristianos atraídos por el mismo sexo, me sentí afortunado si podía conectarme con sólo treinta compañeros de lucha. Sin embargo, desde el comienzo del ministerio he perdido la cuenta del número de hombres y mujeres de todo el mundo que, al igual que yo, viven con atracciones no deseados por el mismo sexo. Sin el conocimiento de muchos en la iglesia, hay muchas personas en nuestras congregaciones locales de todos los continentes y culturas que personalmente luchan diariamente con sus identidades sexuales. Además, hay los padres y los hermanos de los niños homosexuales y los casados con un esposo o esposa con atracciones homosexuales, que se encuentran tomando refugio fuera de los márgenes. También anhelan respuestas creíbles en un mundo que a menudo está lleno de ambigüedad. ¿Y qué pasa con la responsabilidad de la iglesia en alcanzar la comunidad gay? Hay un estimado de 250 millones de hombres y mujeres homosexuales en el mundo de hoy, un número que sólo está aumentando y un demográfico que es ignorado del punto de vista del evangelio por la mayoría de los cristianos, no porque no les importa, sino porque carecen de comprensión y educación.

Complejo y Controvertido

Innegablemente, estas cuestiones son tan complejas y controvertidas que muchos seguidores de Jesús han decidido permanecer en silencio, y no es de extrañar; no quieren bajar la ética sexual bíblica, no quieren insultar a la gente o decir algo inapropiado, y no quieren dedicar su tiempo a discutir con la gente. De hecho, vivimos en un mundo de hoy que grita un mensaje de no sólo aceptación o tolerancia del estilo de vida homosexual, sino que en realidad exige nada menos que una aprobación total, y cualquiera que lo cuestione de forma remota es instantáneamente un intolerante. Por supuesto, esto es ridículo. Simplemente porque no estoy de acuerdo con el estilo de vida de alguien no significa que lo odio. De hecho, respaldo plenamente la libertad de todos, dada por Dios, de perseguir sus sueños para vivir como quieran, y esto incluye a las personas homosexuales, lesbianas y transexuales. Sin embargo, en una sociedad que lucha por la libertad de vivir cómo uno elige y creer lo que uno cree, es asombroso que tan unilateral es a menudo este tipo de generosidad. No me he encontrado con ningún defensor de los derechos de los homosexuales que esté igualmente dispuesto a luchar por mi derecho a elegir cómo voy a vivir, que es un hombre homosexualmente atraído que somete estos deseos a Cristo, por lo que se niega a disfrutar de estos deseos. De hecho, los defensores pro-homosexual me han perseguido por mi elección. Su hipocresía es alucinante. Es irrazonable, y puesto que no se puede razonar con personas irracionales, la tentación para el cristiano (incluso yo, a veces) es permanecer en silencio.

Sin embargo, hay una manera de hablar de la homosexualidad de una forma que se mantiene fiel a nuestra fe y eleva el amor, la misericordia y la compasión de Cristo al mismo tiempo. Aunque admito libremente que no tengo todas las respuestas, mi pasión es ayudar a los cristianos a darle un sentido a todo, permitiéndoles amar a la gente sin hacer concesiones en sus convicciones. Los cristianos no necesitan permanecer en silencio; necesitan ser equipados con gracia y verdad. También debemos recordar que la palabra de Dios es tan poderosa y transformadora en nuestro mundo y cultura hoy como lo ha sido durante los últimos dos mil años.

En verdad, estos son temas intimidantes y difíciles de enfrentar. ¿Cómo pueden las personas de cuidado pastoral que trabajan tan amorosamente dentro de nuestras congregaciones - los pastores, los líderes de la iglesia, los evangelistas, los ancianos, los diáconos y los líderes de grupos pequeños - ofrecer asistencia pragmática y esperanza a otros que se sienten inválidos como yo me sentía antes? ¿Qué respuestas prácticas y bíblicas podemos ofrecer a aquellos que buscan en nosotros "buenas noticias"? En esta segunda edición especial, estos son los temas que trataré.

Desde que escribí La Preocupación Más Allá de los Márgenes en 2012, he aprendido mucho y, siendo un trabajo en progreso, he alterado algunas de mis opiniones sobre algunos temas claves. Esta segunda edición me da la oportunidad de modificar mis perspectivas y compartir con ustedes algunas nuevas ideas. Mi oración es que este libro sea usado como un recurso confiable para que estés adecuadamente equipado para tratar estos asuntos con confianza y competencia.

Confieso que soy algo de un profeta reacio, en parte porque admito libremente no tener todas las respuestas a estas cuestiones tan complejas y multifacéticas. Sin embargo, he sido obligado a iniciar este ministerio y escribir este libro para que, finalmente, los cristianos que forman parte de la tendencia dominante heterosexual puedan saber cómo ministrar amorosamente como Cristo lo haría a aquellos que no lo son. Yo sigo adelante también, por el bien de mis compañeros hermanos y hermanas atraídos por el mismo sexo y aquellos que tienen familiares que viven con esta realidad, para que puedan saber que vivir fuera del margen no es razón para no vivir victoriosamente como un seguidor de Jesús y que con Cristo en el timón, este lío llamado homosexualidad no es tan grande y tan honda y tan alta - ¡que hay un camino después de todo!

—Guy Hammond
Director Ejecutivo,
Strength in Weakness Ministries
Toronto, Ontario, Canadá

Capítulo Uno

La homosexualidad versus la atracción por el mismo sexo: ¿cuál es?

Nadie puede volver atrás y empezar un nuevo comienzo, pero cualquiera puede empezar hoy y hacer un nuevo final.

—Maria Robinson

Era una tarde caliente y húmeda en el verano de 1987. (Aquellos que no están familiarizados con el clima canadiense a menudo se sorprenderán al saber que en los meses de verano en julio y agosto, las temperaturas pueden llegar a ser sofocantes, alcanzando alturas de 35 a 40 grados Celsius [95 a 104 grados Fahrenheit]). Lo recuerdo como si fuera ayer: yo estaba sentado en el autobús # 10 en la parte norte de Toronto Canadá, en el camino a la casa después de una visita con mi ministro. Más sin embargo, ni siquiera el calor agotador era suficiente motivación para recordar un corto trayecto en autobús, tan incómodo como era, casi tres décadas después. No, mi motivo para tal recuerdo se debe a las decisiones que tomé y la forma en que el Espíritu Santo conmovió mi corazón en ese viaje de veinte minutos que cambió completamente la dirección de mi vida para siempre. Yo subí a ese autobús como homosexual, un hombre que era adicto, un esclavo de mis atracciones y tentaciones homoeróticas, un hombre incapaz de escapar a lo que yo sentía que tenía control absoluto sobre mí - salí de ese autobús, varias cuadras después, decidido a nunca más cometer un acto de homosexualidad. Mi vida se había transformado para la eternidad.

En los meses anteriores que asistía a esta nueva iglesia, yo vivía una doble vida: asistí a servicios de adoración en la iglesia y participé en todos los eventos extracurriculares que la iglesia organizaba, pero en privado, para mi propia vergüenza y enorme decepción, yo era impotente para dejar de actuar homosexualmente como lo había estado haciendo durante muchos años. Seguí involucrándome en una vida secreta y pecaminosa, y mientras más tiempo esto continuaba, las cosas se empeoraban.

Con el tiempo este ministro y yo nos habíamos convertido en buenos amigos. Basado en las discusiones anteriores y los tiempos de confesión, él conocía mi pasado. Sin embargo, en un intento de impresionarle a él y a otros de que esta clase de vida y todo lo que la acompañaba estaba detrás de mí, le había jurado a él y a todos los demás que mis días de actividad homosexual se habían acabado; pero eso no era cierto. De hecho, estas actividades pecaminosas sólo habían aumentado, y el tipo de comportamientos en los que había comenzado a participar sólo eran más notorios y descarados, ya que cruzaba líneas que incluso yo había dicho que nunca lo haría. Siendo el hombre sabio que era, mi amigo ministro podía sentir que algo era "anormal" y temía que yo hubiera continuado secretamente en mi vida homosexual. Decidido a poner fin a sus sospechas, me invitó a charlar. Cuando me di cuenta de lo que quería charlar, me senté allí aterrorizado y tranquilo.

¿Cómo podía confesar que todavía era "gay"? ¿Cómo podía contarle sobre todas las actividades homosexuales en las que había participado y de las cuales era culpable, especialmente considerando los pocos meses anteriores, al tiempo que asistía a la iglesia y declaraba mi libertad de la actividad homosexual? ¿Cómo iba a ser capaz de verbalizar en la confesión las cosas sucias que estaba haciendo? ¿Cómo podría explicar que yo era un hombre que vivía dos vidas diferentes: una vida con estos cristianos y la otra, mi vida homosexual secreta? ¿Cómo podría admitir que soy un cobarde y un hipócrita? ¿Cómo podría vivir con el rechazo que estaba seguro de experimentar?

Y luego tenía que enfrentar la dura realidad de que después de casi catorce años de confianza en la homosexualidad, se había convertido en una amiga leal y de confianza; una amiga seguramente en su mayoría secreta, pero que era un lugar de seguridad y refugio que yo no estaba muy dispuesto a abandonar. Siempre que me sentía solo o con miedo o en necesidad de compañía, la homosexualidad estaba siempre dispuesta a satisfacer esas necesidades. Era territorio familiar para mí. ¿Qué iba a pasar con las amistades que había hecho en esa parte de mi vida, especialmente con el joven con quien había mantenido una relación de diez años? El verdadero arrepentimiento significaría ciertamente poner fin a nuestra amistad para siempre (por lo menos el lado íntimo). ¿Realmente iba a renunciar todo eso de una vez por todas? ¿Podría hacerlo? Me sentí increíblemente dudoso.

Mi amigo ministro era paciente, amable y cariñoso, pero a pesar de sus mejores esfuerzos para confrontarme, en última instancia, me rehusé a cooperar. Yo había determinado que el costo era demasiado grande. Lo más que estaba dispuesto a admitir es que estaba realmente involucrado en una actividad pecaminosa que no iba a discutir. Su respuesta fue algo que me aturdió el corazón: simplemente dijo: "Guy, te estás burlando de Dios y de su iglesia; ya basta. Voy a contar hacia atrás a partir de las diez, y si no has empezado a hablar antes de que yo llegue a cero, si te niegas a ser transparente con tu vida y no estás dispuesto a arrepentirte de cualquier actividad pecaminosa en la cual estás involucrado, no hay nada que yo pueda hacer para ayudarte. Deja de jugar al cristiano y vete a cumplir tus fantasías; haz lo que quieras, y si Dios te permite sobrevivirlo, vuelve en pocos años y dime si valió la pena."

Mirando hacia atrás, la cuenta regresiva de diez segundos parece un poco rara ahora, mientras que bastante inquietante en el momento en que literalmente y lentamente contó hacia atrás de diez, pero ese enfoque sin duda me empujo a finalmente hacer una elección, obligándome a dejar de permitir que mi indecisión sea mi decisión. Cuando el conteo terminó no se habló otra palabra. Me levanté y caminé hacia la puerta. Miré hacia atrás una última vez, creyendo que nunca volvería a verlo. Finalmente había elegido ir y hacer lo que mi corazón deseaba. No más la mitad adentro y la otra mitad afuera. No más hipocresía. Me agotaba el constante conflicto que estaba en mi corazón entre "Quién soy" frente a "lo que se supone que debo ser."

Salí a la calle y, cuando el autobús se detuvo, había planeado nunca más volver a la iglesia. Estaba cansado de orar y pedirle a Dios que me quite mis atracciones homosexuales. Estaba cansado del fracaso. Era hora de finalmente afirmar quién era yo realmente. Se acabó de vivir con un pie en la iglesia y otro en el mundo. Confieso: la idea de ser liberado de la culpa constante que plagaba mi corazón mientras estaba en la iglesia era emocionante.

Pensamientos sobre cómo hacer mi escape llenaron mi mente. ¿Cómo me despediría de los amigos que había hecho en la iglesia? ¿Qué pensarán de mí? ¿Dónde viviría ya que vivir con otros cristianos ahora sería impensable? Rápidamente estaba elaborando mi plan para volver a mi vida homosexual y vivirla por todo lo que valía.

Al parecer, aunque subí a ese autobús, Dios tenía sus propios planes para ese viaje a casa. Aunque estaba dispuesto a renunciar a él, él no estaba dispuesto a renunciarme a mí. Mientras me sentaba en ese autobús repleto, el Espíritu siguió inundando mi mente con un solo pensamiento: "Guy, Jesús murió por ti; sabes que es un hecho cierto; ¿Cómo puedes abandonar a un hombre que se dejó ser asesinado por ti?"

Yo sabía que yo tenía la capacidad de dejar la iglesia y dejar a mis amigos detrás. Está en mi ADN querer estar solo. Haciendo lo que realmente quiero hacer, dado la opción entre estar en una multitud o estar solo, la última opción ganaría cada vez. Por consiguiente, no me uní a la iglesia porque estaba solo o sentía que necesitaba amigos o porque ansiaba estar cerca de más gente. Me podría haber unido a una liga local de bolos si tuviera la necesidad de ser parte de un grupo o club. Por lo tanto, yo sabía que podía dejar a mis amigos y mi iglesia para poder disfrutar de la vida homosexual que yo eligiera, pero no había ninguna manera de pasar por alto que un hombre murió por mí. No importaba lo mucho que lo intentara, sabía que no podía negar a alguien que se preocupaba tanto por mí. Yo estaba en ambos lados de la línea entre Jesús que había muerto por mí y la homosexualidad que me esclavizó, y tenía que hacer una elección.

Por el resto de mis días nunca olvidaré ese viaje en autobús. Una vez llegando a mi parada, Dios había cambiado mi corazón y mi mente por completo. Finalmente estar en una posición en la que me vi obligado a elegir entre dos opciones, de una vez por todas, hizo que la elección fuera totalmente clara. El hombre moribundo, Jesús, ganó en todos los escenarios que yo repetía en mi mente. Baje de ese autobús como una persona cambiada. Sabía que quería a Jesús más de lo que quería la vida de la homosexualidad. También sabía que no sería fácil y me di cuenta de que probablemente estaba eligiendo una vida de celibato para siempre, pero comprendí las consecuencias de esta decisión. Finalmente se dibujó una línea en la arena. Jesús era real, su muerte y resurrección literal, su amor por mí verdadero. Creí estas verdades con todo mi corazón, y mientras que puede ser que arruiné todo lo demás en mi vida, decidí que ésta decisión iba a ser la correcta.é

Literalmente subí en el autobús # 10 un hombre y baje de él

completamente otro hombre. Me subí a ese autobús como homosexual: un hombre que se entregaba a la homosexualidad, que amaba esa parte secreta de su vida y estaba dispuesto y deseoso de celebrarla por su forma de vivir e incluso de superar cualquier objeción moral por el bien de realización personal. Me baje del autobús como un hombre con "atracciones por el mismo sexo": un hombre que sabía que nunca volvería a entregarse a esa actividad otra vez, que ya no estaba dispuesto a mantener las cosas en secreto y que, a través del arrepentimiento total, celebraría a Jesús y la ética sexual bíblica y adoptar una vida de seguir las reglas del Señor y no las mías ni las de nuestra cultura.

Tan pronto como entré en mi apartamento, llamé a ese ministro, le pedí disculpas y le pregunté si podía verme a primera hora de la mañana siguiente. Tenía mucho que confesar y mucho de lo que arrepentirme, y necesitaba su ayuda para hacerlo. Entonces fui a mi dormitorio y leí la Biblia, oré y lloré durante horas, pidiendo a Dios que me diera el coraje y la fuerza para vivir esta nueva vida fielmente hasta el final. Desde ese día, nunca más he participado en ningún tipo de actividad homosexual. Fue el momento en que me despedí de esa vida para siempre, y me bauticé dos semanas después. Estaría mintiendo si no te dijera que a veces ha sido una decisión increíblemente difícil de mantener. Pero es lo mejor que he hecho y no volvería a esa vieja vida para nada—nada en absoluto.

La Diferencia Entre "Homosexual" y "Atracción por el Mismo Sexo"

¿Por qué te cuento esa historia? Quiero que sepas la diferencia entre la homosexualidad y dos términos que voy a usar en este libro muchas veces cuando me refiero a los discípulos que viven con atracciones sexuales y emocionales no deseadas por el mismo género: "atracción por el mismo género" y "atracción por el mismo sexo". Al igual que describimos el mundo cambiando para siempre en términos de "antes del 11 de septiembre" y "después del 11 de septiembre", para mi vida hay una distinción muy clara entre "antes del paseo en autobús" y "después del paseo en autobús" donde mi mundo cambió para la eternidad.

La Biblia hace una clara distinción entre aquellos que son homosexuales activos: individuos que se deleitan con ese estilo de vida y que no tienen objeciones morales a él; versus aquellos que, debido a su comprensión de las Escrituras, no están activamente involucrados en su homosexualidad de una manera física y que, por su propia elección y libre albedrío, se niegan a comprometer esas convicciones.

> ¿No saben ustedes que los que cometen injusticias no ten-
> drán parte en el reino de Dios? No se dejen engañar, pues en el re-
> ino de Dios no tendrán parte los que se entregan a la prostitución,
> ni los idólatras, ni los que cometen adulterio, ni los afeminados,
> ni los homosexuales, ni los que roban, ni los avaros, ni los bor-
> rachos, ni los maldicientes, ni los ladrones. 11 Y esto eran antes
> algunos de ustedes; pero ahora ya recibieron el baño de la purifi-
> cación, fueron santificados y hechos justos en el nombre del Señor
> Jesucristo y por el Espíritu de nuestro Dios.
>
> 1 Corintios 6:9–11 (DHH)

Según estas palabras escritas por Pablo, son los malvados quienes no heredarán el reino de Dios. El apóstol entonces continúa explicando quiénes son los malvados. Para aquellos que eran "homosexuales", eran los que continúan "ofendiendo" a quienes se mantendrían alejados del reino de Dios. La escritura también continúa explicando que esto es lo que algunos de ellos eran " - tiempo pasado. Su participación activa en estos pecados - sea el robo, la avaricia o la homosexualidad - se arrepintieron, y ahora estaban justificados en el nombre de Jesús: fueron lavados y eran personas nuevas.

¿Por qué es necesaria la terminología diferencial?

Permíteme ayudarte a entender mi punto haciendo algunas preguntas: ¿Un cristiano tiene que ser calificado de ladrón si está tentado a robar, pero debido a su compromiso con Dios se niega a robar? No. ¿Una cristiana tiene que ser calificada de mentirosa si ella es tentada a mentir, pero debido a su amor por Jesús se esfuerza diariamente para decir la verdad? No. Entonces, ¿un cristiano debe ser calificado de homosexual si está tentado a involucrarse sexualmente con un miembro del mismo sexo o si es atraído por el mismo sexo física y emocionalmente, pero debido a un compromiso a la pureza y justicia piadosa, se niega a ceder a esas tentaciones y cometer actos homosexuales? No. La respuesta es "no" en cada escenario porque la realidad es que para el discípulo de Jesús, nuestra identidad es Cristo; no nuestra orientación sexual u otra marca distintiva. Por lo tanto, los discípulos de Jesús que son homoeroticamente atraídos, no son homosexuales o lesbianas; son simplemente cristianos. Sin embargo, al discutir este tema, reconocemos que para el punto de diferenciación entre lo que es claramente pecaminoso y lo que no lo es, se requiere una terminología descriptiva.

El Dr. Mark A. Yarhouse y Lori Burkett distinguen entre los términos "atracción por el mismo sexo" y "homosexual" en su libro Sexual Identity: A Guide to Living in the Time Between the Times de una manera que siento que es muy beneficioso para esta discusión:

> En el *primer* nivel, el nivel más descriptivo, algunas personas experimentan atracción por el mismo sexo. No significa necesariamente nada más que eso: es una experiencia que ellos tienen, y algunas personas experimentan atracciones por el sexo opuesto, mientras que otros reportan experimentar tanto atracciones por el mismo sexo como por el sexo opuesto ... Nuestra experiencia es que este es el más preciso y útil de explicación y significado para la mayoría de las personas que experimentan atracción homosexual. Por ejemplo, si [un hombre] experimenta la atracción por el mismo sexo, es más exacto y más útil para él decir de sí mismo: "Yo soy un hombre que también experimenta atracciones por el mismo sexo", en lugar de decir de sí mismo, "Soy homosexual". Este último sugiere que es un varón y que su identidad no depende de su género, sino en sus experiencias de atracción por el mismo sexo. También sugiere que el comportamiento sexual con el mismo sexo es una expresión normal de quién es como persona. La primera forma de describirse a sí mismo, es decir, "Yo soy un hombre que también experimenta atracción por el mismo sexo", es meramente descriptiva, y no dice nada implícito sobre lo que significa la atracción por el mismo sexo y las conclusiones morales que se pueden extraer de actuar sobre las atracciones.[1]

Compara entonces la definición de "atracción por el mismo sexo" a aquellos que tienen una "identidad gay" o una identidad de ser "homosexual":

> [Hay] aquellos que integran sus experiencias de atracción por el mismo sexo en una identidad "gay". Es decir, hablan de sí

mismo con respecto a una atribución autodefinida, "Yo soy gay", y esta identidad comunica implícitamente algo acerca de cómo ven el comportamiento sexual con el mismo sexo, a menudo como una expresión natural de quienes son como una persona ... A diferencia de la persona que experimenta la atracción por el mismo sexo ... para quien el comportamiento sexual con el mismo sexo aún está bajo escrutinio moral, podría integrar sus experiencias en una identidad "gay", que lleva consigo la connotación de que él celebra el comportamiento sexual con el mismo sexo como un bien moral, una extensión natural de lo que significa experimentar su autorrealización sexual en relación con sí mismo y con los demás.[2]

No Soy Homosexual, Pero Tengo Una Atracción por el Mismo Sexo

Es por esta razón que no me considero homosexual o gay; yo no vivo como una persona que participa activamente en las relaciones homosexuales. Yo no soy quien "celebra el comportamiento sexual con el mismo sexo como un bien moral o una extensión natural de lo que significa experimentar [mi] autorrealización sexual en relación con [migo] y con los demás".[3] Esta no es mi identidad, y por lo tanto no soy homosexual. Tampoco quiero usar esa terminología al describirme, especialmente entre los incrédulos. Es un lenguaje que significará algo para la mayoría, que no tengo ninguna intención de comunicar, a saber, que todavía estoy involucrado en el comportamiento homosexual activo, al cual no estoy.

Sin embargo, vivo con atracciones no deseadas por el mismo género, aunque me he comprometido a no entretener esos apetitos. He elegido caminar por otro camino mientras me esfuerzo por seguir a Jesús. Esta es una decisión que tomo todos los días. Colosenses 4:5-6 nos dice: "Compórtense sabiamente con los que no creen en Cristo, aprovechando al máximo cada momento oportuno. Que su conversación sea siempre amena y de buen gusto. Así sabrán cómo responder a cada uno." Así que las palabras que usamos importan.

Una Mente Hermosa

IEn una película de 2001 llamada *A Beautiful Mind* (Una Mente Hermosa), Russell Crowe retrató la versión de Hollywood de la vida real del matemático estadounidense y ganador del Premio Nobel de Ciencias Económicas, John Forbes Nash Jr. Cuando era joven, John Nash Jr. fue diagnosticado con esquizofrenia paranoide y pasó períodos de tiempo en hospitales psiquiátricos debido a los delirios que a menudo sufría. Cerca del final de la película, se le pregunta a John Nash si las visiones lo han dejado. Me encanta la respuesta, porque aunque no puedo relacionarme personalmente con los retos de la enfermedad mental, la respuesta ciertamente refleja la batalla que lucho con respecto a mis atracciones por el mismo sexo. Si me hicieran la pregunta, "¿Se han ido tus atracciones homosexuales?" yo tendría casi la misma respuesta que escuchamos en la película:

> No, no se han ido. Y tal vez nunca me dejen. Pero me he acostumbrado a ignorarlas, y creo que como resultado, se han dado por vencidas. ¿Crees que eso es lo que pasa con todos nuestros sueños y pesadillas? ¿Tienes que seguir alimentándolos para que sigan vivos?[4]

Del mismo modo, mis atracciones homosexuales no se han ido, y tal vez nunca me dejen, pero me he acostumbrado a ignorarlas. Como resultado, he experimentado muchísima victoria sobre ellas, y en gran medida me han abandonado. Simplemente he decidido que no voy a alimentar estos apetitos, haciendo difícil para ellos permanecer vivos.

En la escena final de la interpretación de la película, John Nash da su discurso de aceptación para el Premio Nobel. Aquí dice,

> Siempre he creído en los números, en las ecuaciones y en las lógicas que conducen a la razón... Pero después de una vida de tales actividades pregunto: ¿Qué es la lógica? ¿Quién decide la razón? Mi búsqueda me ha llevado a lo físico, lo metafísico, lo delirante y de vuelta. Y he hecho el descubrimiento más importante de mi carrera, el descubrimiento más importante de mi vida: sólo en las misteriosas ecuaciones del amor pueden encontrarse razones lógicas.[5]

Del mismo modo, en mi vida, mi búsqueda de satisfacción, paz y felicidad me ha llevado a muchos lugares, pero al viajar por este viaje he hecho el descubrimiento más importante de mi vida: sólo en las misteriosas y espirituales ecuaciones del amor cristiano, obediencia y fe que cualquier verdadera y duradera satisfacción del alma puede ser descubierta.

Así, mientras que algunos pueden querer identificar a aquellos de nosotros que vienen de un pasado homosexual o que todavía viven con atracciones no deseadas por el mismo género y llamarnos "gay" o no, para Dios somos simplemente sus hijos (Juan 1:11-13, Romanos 8:16-17). Los cristianos no son gay, lesbianas u homosexuales. Hay mucho más en sus vidas que sus orientaciones sexuales.

La Libertad Para Escoger

"Bien, Guy, felicidades, no has actuado en ningún tipo de actividad homosexual desde ese viaje en autobús a casa todos esos años atrás. Estupendo. Pero, ¿cómo puedes remediar eso si todavía te sientes atraído por otros hombres mientras también eres cristiano? Después de todo, Dios llama a la homosexualidad "detestable" (Levítico 18:22, 20:13) y no puedo imaginar a un seguidor de Jesús realmente tentado a lujuria por otros hombres. "Bueno, permíteme decirlo así: No fui capaz de cambiar instantáneamente mi orientación sexual en la conversión como tampoco un heterosexual es capaz de cambiar sus tentaciones no deseadas en la conversión.

No es que no hubiera amado eso. Si tuviera un dólar por cada vez que rogaba a Dios que me hiciera un hombre heterosexualmente atraído, estaría viviendo en una villa en el sur de Francia y yo habría llegado allí en mi avión privado. Me encantaría decirte que cuando me convertí en cristiano el 15 de agosto de 1987, todo cambió. Pero fue así. Lo que cambió fue: 1) el perdón que ahora tenía de haber actuado homosexualmente, y 2) el Espíritu de Dios que vive dentro de mí - que ahora me da la fuerza y el poder para negarme a mí mismo todos los días para ser justo y obediente. Dios no quita las tentaciones, sino que me ha dado algo aún mejor que la eliminación de la tentación homosexual: la capacidad de negar esas tentaciones y elegir a Dios en su lugar.

Eso es libertad real: la capacidad de elegir. Puede que no haya elegido nunca mi orientación sexual (y no la elegí, pero hablaremos luego acerca de eso), pero sí tengo la capacidad de seleccionar lo que voy a hacer con mi mente y mi cuerpo físico y puedo elegir inequívocamente lo que voy a apreciar en mi corazón. Considero que esta es una de las características más sorprendentes del cristianismo, y que a menudo se pasa por alto: la capacidad de las personas para elegir realmente cómo van a vivir sus vidas. El seguidor de Jesús no tiene que ser víctima de todo pensamiento y tentación, o de lo que la sociedad determina que es apropiado y aceptable.

Antes de encontrar a Cristo, yo era esclavo, incapaz de apartarme de la homosexualidad, sobre todo porque no había otra alternativa viable que se ofreciera. La frustración con mi incapacidad de rechazar algo que conocía en el fondo era moralmente incorrecto y en última instancia, insatisfactorio me llevó a buscar razones explicativas de por qué seguí por ese camino. La respuesta más razonable y la que yo creí me dio el control y el poder en el lugar de elección fue que "tenía que ser yo"; que de alguna manera estaría traicionando quién era realmente si no abrazara mi homosexualidad. La verdad es que no pude evitar ser esa persona. Aunque sabía que lo que estaba haciendo estaba mal, simplemente no tenía la capacidad de parar. Yo estaba siendo "yo" no porque yo lo estaba eligiendo libremente, sino porque simplemente no había otras opciones viables disponibles. En este sentido no elegí la homosexualidad; la homosexualidad me eligió. ¡Cuán frustrantemente desesperanzadas me parecían entonces las cosas! Al decidir seguir a Jesús, sin embargo, en realidad se me presentó la posibilidad de elegir entre dos alternativas claramente distintas: homosexualidad y cristianismo.

Hablando acerca de la cuestión de la elección, el Dr. Mark A. Yarhouse y Lori Burkett dicen que:

> La orientación sexual se refiere a la dirección de las atracciones de una persona. Los científicos e investigadores proponen una serie de teorías acerca de lo que hace que una persona experimente atracción por el mismo sexo o tenga una orientación homosexual. La conclusión es que los científicos no saben con certeza por qué una persona experimenta atracción por el mismo sexo y otra no.... Estamos sugiriendo que las personas tienen poca opción sobre si experimentan las atracciones por el mismo sexo inicialmente. Si experimentas atracción por el mismo sexo o crees que tienes una orientación homosexual, creemos que no es algo que hiciste o no hiciste que te llevó a tener estas atracciones. Sin embargo, está claro que una persona puede elegir actuar o abstenerse de actuar sobre sus atracciones.[6]

La capacidad de escoger entre la variedad de opciones que se nos presentan trae liberación e independencia. La falta de elección y la imposición de cualquier estilo de vida o pensamiento, porque sencillamente no hay otra vía disponible, es lo que llamamos socialismo o comunismo en el teatro político. En el reino espiritual, sin embargo, se llama simplemente desesperanza.

He oído a muchas personas atraídas por el mismo sexo argumentando lo que yo solía decirme: "Debo ser fiel a mí mismo. Yo soy quien soy, un homosexual. "Para el cristiano que es atraído por el mismo género, tal argumento pierde toda fuerza cuando admitimos que lo que realmente somos son cristianos. ¡Esta realidad lo supera todo, incluyendo la orientación sexual! El cristianismo es nuestra naturaleza y no podemos estar verdaderamente en paz y fieles a nosotros mismos a menos que sigamos el camino de Dios para nuestras vidas.

Como dije, solo porque he sido bendecido con la libertad de elegir lo que permitiré que mi mente piense y ahora soy capaz de determinar mis acciones debido a la alternativa que Jesús provee, no significa que mis sentimientos homoeróticos, emociones, atracciones y las tentaciones me han abandonado. ¿Qué vamos a hacer con esto?

¿Qué significa "Lucha"?

No siempre me gusta usar la palabra "lucha" al describir lo que es vivir como un cristiano que es atraído por el mismo sexo. Para aquellos de nosotros con estas tendencias, es una lucha en el sentido de que debemos lidiar con este componente de nuestras vidas que es tan desagradable, pero más allá de esto, decir que "luchamos" con la homosexualidad de alguna manera pone al discípulo con atracciones por el mismo sexo en desventaja en comparación con la mayoría con la tendencia dominante heterosexual debido a las inferencias que se asumen a menudo al emplear esta palabra.

¿Qué seguidor de Jesús atraído por el sexo opuesto diría alguna vez, "yo" lucho "con la heterosexualidad"? Nadie. El término "heterosexual" es meramente descriptivo de la preferencia sexual, no un comentario sobre la gravedad o frecuencia de los estímulos que se experimentan o si la persona es sexualmente activa. En otras palabras, la palabra es neutral. La atracción hacia el sexo opuesto no siempre está en movimiento. Excepto por una minuciosa minoría de la población que claramente sufre atracciones más allá de lo que se considera una norma saludable, casi todos los individuos heterosexualmente atraídos experimentan sólo atracciones periódicas para el sexo opuesto; no viven en un estado constante de atracción elevada, experimentando excitación sexual hacia cada miembro del género opuesto. Aunque subconscientemente las atracciones son automáticas e involuntarias, para que los estímulos eróticos provoquen excitación, primero deben cumplirse ciertos criterios. Estos criterios se basan en cualquier número de factores: raza, tipo de cuerpo, edad, rasgos faciales, peso, altura y personalidad, por nombrar sólo algunos. Si no se cumplen estas condiciones, no se experimentará "atracción".

Lo mismo ocurre con los individuos atraídos por el mismo sexo. Como hombre homo-sexualmente atraído, no vivo en un estado constante de excitación erótica cuando estoy en compañía de otros hombres. Sin embargo, hay personas que me han dicho que ha sido su suposición de que la persona atraída por el mismo sexo experimenta deseos hacia cada miembro del mismo género; en otras palabras, la atracción está siempre en movimiento; estamos siempre "luchando". Esta noción errónea quita injustamente la neutralidad de cualquier término que pueda ser usado para describir a aquellos que sufren capacidades homoeróticas.

Lamentablemente, cuando esto ocurre, a los cristianos atraídos por el mismo género no se les da el mismo crédito que a los individuos atraídos heterosexualmente. Puedo decirte claramente que no estoy físicamente atraído por la mayoría de los miembros de mi propio género, y los hombres que han temido que necesitan mantener su distancia, ¡porque seguramente debo ser atraído por ellos están pensando demasiado altamente de sí mismos! Como cualquier individuo atraído heterosexualmente, aunque las atracciones sean automáticas e involuntarias, no serán despertadas a menos que se cumplan ciertos criterios en mi subconsciencia; y también se basan en cualquier número de numerosos factores. Si estos criterios no se cumplen, no se experimenta atracción alguna.

Como un seguidor de Jesús con atracciones homosexuales, yo no "forcejeo" mi camino a través de la vida. No vivo en un estado constante de "lucha". Ciertamente, tengo mis momentos en que me enfrento a la tentación en este sentido, pero en su mayor parte, estos episodios son efímeros y periódicos, y cuando se experimentan, debo hacer lo que cualquier otro cristiano en el mundo debe hacer cuando Satanás viene llamando: debo orar y actuar rápidamente para vencer esa tentación, y por los tiempos que fallo, debo inmediatamente dirigirme a Dios por su misericordia y sanación.

¿Qué causa atracción?

En una entrevista que tuve con él mientras me preparaba para este proyecto, el Dr. Mike Rosebush, un consejero profesional distinguido internacionalmente y ex vicepresidente de Focus On the Family, que ha tenido años de experiencia ayudando literalmente a cientos de hombres a superar la pornografía, la adicción sexual, y la homosexualidad, proporcionó la siguiente analogía a la atracción sexual:

> ¿Por qué es que una persona sería atraída por un Corvette rojo mientras que otra es atraída por un Lada ruso gris de los años 70? (OK, no puedo imaginar eso tampoco, pero tu entiendes el punto.) ¿Por qué es que uno podría estar caminando por una calle muy transitada y ver un millar de coches dentro de su vista periférica y no tener uno que le llama la atención? Luego sus ojos miran rápidamente a ese Corvette rojo; ese vehículo en particular se destaca de repente de entre todos los otros coches en la carretera como el vehículo que cumple con sus criterios de lo que es un coche asombroso, y de repente su cuello está estirado, sus ojos están enfocados en él, y él sólo tiene que conseguir una mirada más cercana de ese vehículo específico.
>
> ¿Es pecaminoso que se sienta atraído por ese tipo particular de coche? No, es sólo una atracción en este punto. No hay ni bueno ni malo; simplemente es. Pero digamos que este individuo comienza a soñar constantemente con ser dueño de un Corvette rojo, se vuelve celoso de todos los demás que pueden pagarlo y comienza a planear una forma de robar uno. ¿O supongamos que él se vuelve tan obsesionado con poseer uno que se convierte en un enfoque que lo consume completamente? Eso es cuando obviamente habría cruzado la línea de simplemente tener una atracción por ese coche y ahora está pecando en su deseo de conseguir ese coche, el coche consumiendo sus pensamientos y afectando su comportamiento.

¿Por qué es que los hombres heterosexuales prefieren las mujeres con senos grandes y una relación cintura-cadera baja, que se ven como signos de fertilidad; y las mujeres heterosexuales quieren a los hombres con hombros musculosos y un pecho ancho, que son signos de fuerza y protección; mientras los con la orientación homosexual encuentra esas mismas características en el sexo opuesto poco atractivas? La ciencia todavía tiene que desbloquear por completo los secretos de lo que nos hace ser atraídos a alguien o algo, y francamente, la Biblia tampoco trata esto. Mi punto principal en este capítulo no es discutir la causalidad, sino más bien señalar que la atracción inicial por el mismo género no es pecaminosa; una salida del plan inicial de Dios para nuestras vidas, sí; pecaminosa, no. Lo que más preocupa a Dios no es lo que nos atrae, sino lo que hacemos con esas atracciones y las tentaciones que enfrentamos por ellos.

Como dije, solo porque he sido bendecido con la libertad de elegir lo que permitiré que mi mente piense y ahora soy capaz de determinar mis acciones debido a la alternativa que Jesús provee, no significa que mis sentimientos homoeróticos, emociones, atracciones y las tentaciones me han abandonado. ¿Qué vamos a hacer con esto?

Hay una verdad que todos los discípulos deben identificar y reconocer verdaderamente en relación con este asunto, especialmente si tienen algún deseo de ofrecer asistencia fiable a los homosexuales que buscan ayuda y orientación de la iglesia y al cristiano atraído por el mismo género que necesita constante apoyo y motivación: ser atraído por el mismo sexo no es pecado. Punto. Sólo ser atraído por algo no es pecaminoso.

La orientación de ser "atraído por el mismo sexo" es, en sí misma, ni buena ni mala; simplemente es. No es un pecado que tengo atracciones por el mismo sexo más que es un pecado que alguien tiene atracciones por el sexo opuesto. Solo, estos términos son neutros.

"Contrario a la Naturaleza" en Romanos 1:26-27

Dicho esto, ciertamente entiendo y estoy de acuerdo con la declaración del apóstol Pablo en Romanos 1:26-27 donde él pronuncia que la homosexualidad es contraria a la naturaleza: "Por tanto, Dios los entregó a pasiones vergonzosas. En efecto, las mujeres cambiaron las relaciones naturales por las que van contra la naturaleza." Robert A. Gagnon escribe,

> Dado el significado de "contrario a la naturaleza" (para physin) y expresiones comparables utilizadas por los escritores judíos de la época para describir las relaciones sexuales entre personas del mismo sexo, el significado de la frase de Pablo es claro: mínimamente, Pablo se refiere al anatómico y procreativo complementariedad entre hombres y mujeres.[7]

Añadiré aquí que no era intención de Dios que yo experimentara apetitos homoeróticos aunque no me involucre en la actividad homo-sexual. En este sentido, la atracción homosexual no es natural, pero esto no significa que sea pecaminosa. En este mundo caído y roto, ¿no todos experimentamos a veces deseos, inclinaciones, tendencias o apetitos que no son representativos de lo que Dios inicialmente decidió para nuestras vidas, lo que significa que no son naturales?

Es natural desear comida; no es, sin embargo, la voluntad de Dios que la deseemos tan poderosamente que arriesgamos nuestra salud al consumirla. Muchos cristianos viven con el deseo de auto-medicarse a través del consumo excesivo del alcohol. ¿Es la tentación de hacerlo, por sí misma, pecaminosa? No. Ciertamente no es lo que Dios quiso, y en este sentido es antinatural, pero no es pecaminoso experimentar este deseo. De la misma manera, el discípulo que tiene un sesgo sexual o predis-posición hacia el mismo género no está en pecado porque experimenta este apetito específico. Ciertamente es antinatural en el sentido de que no es representativo de lo que el Señor inicialmente tenía planeado, pero eso no lo hace pecado.

Hebreos 4:15 dice que "no tenemos un sumo sacerdote incapaz de compadecerse de nuestras debilidades, sino uno que ha sido tentado en todo de la misma manera que nosotros, aunque sin pecado." Entonces Cristo experimentaba la tentación sexual, lo que significa que hubo mo-mentos en que realmente quería pecar sexualmente, y basado en Hebreos 4:15, podría ser sin lugar a dudas que Cristo ciertamente experimento tentaciones homoeróticas también, pero él permanecía constantemente puro y recto. ¿Jesús pecó alguna vez experimentando tentaciones hetero-sexuales u homosexuales? Claro que no.

Experimentar una tentación homoerótica no es pecaminoso, del mismo modo que las atracciones por el mismo sexo no lo son. Ambos ocurren automáticamente y son involuntarios. La cuestión clave es lo que hacemos con la tentación que hace que nuestras acciones sean pe-caminosas o santas.

Por qué enfrentar la tentación es un momento emocionante en ese tiempo

¿Cómo puede cualquier discípulo de Cristo juzgar o castigar a al-guien por experimentar cualquier tipo de atracción o tentación? La ver-dad sobre la tentación es ésta: el señuelo al pecado es tanto una ocasión para que tú y yo hagamos lo correcto, ya que es para nosotros hacer lo incorrecto. Dios permite la tentación para desarrollar nuestra vida espiritual (Santiago 1:2-3). La tentación provee la oportunidad para que cada uno de nosotros elija entre lo que es correcto y lo que está mal. ¡Cada vez que vencemos y derrotamos la tentación, sin importar en qué forma llega, nos volvemos más parecidos a Jesús! Hay pocas cosas que haremos en la vida para volvernos más semejantes a Cristo que decir "no" a las tentaciones pecaminosas. La tentación es un instante crucial en el tiempo cuando el seguidor de Jesús se encuentra solo y tiene las opciones de hacer lo correcto o de hacer el mal basándose únicamente en su propia elección. Es un instante clave en el tiempo cuando Dios y sus ángeles se detendrán para ver si el cristiano sólo "hablará" acerca de ser un seguidor de Jesús, o realmente "caminará" como Jesús. Rara vez habrá una parte más emocionante en el día del discípulo que cuando es tentado y tiene esta oportunidad de declarar al universo a quien será verdaderamente devoto. ¿Utilizaremos entonces esa gloriosa oportunidad para honrar a Dios como una oportunidad para juzgar, despreciar e incluso ridiculizar simplemente porque el apetito que da a luz a esa tentación es atípico o considerado ofensivo?

Uno de los mantras de Strength in Weakness Ministries, al cual que creo que los cristianos que viven con atracciones no deseadas por el mismo sexo deben aferrarse, es una declaración que no se originó conmigo, pero que repito a menudo: "El objetivo no es la heterosexualidad, es la santidad". Como sucede con cada otro pecado en cualquier otra área de la vida, cuando pecamos, confiamos en que la gracia de Dios es suficiente. Estaremos haciendo grandes progresos en la iglesia si todos podemos reconocer y vivir como si los discípulos atraídos por el mismo género y sus debilidades no fueran malas relaciones públicas para el reino y para Dios, sino herramientas para el uso del Señor.

Que la iglesia de Jesús, entonces, nunca merezca ser acusada de avergonzarse de los que están en la batalla con las atracciones homoeróticas, sino que deje que ésta sea un hogar de seguridad, un refugio donde la mayoría de los que viven dentro los márgenes de la atracción heterosexual aprecian y valoran a quienes que no viven así. Pues te puedo decir con seguridad que los discípulos atraídos por el mismo sexo en tu congregación local han tenido que experimentar su propio "viaje en autobús" metafórico: una época en que tuvieron que decidir valientemente de una vez por todas lo que abrazarían el resto de sus vidas: la homosexualidad o Jesús que estaba dispuesto a morir por ellos. Para aquellos de nosotros que han permanecido fieles, el hombre moribundo ha ganado cada vez, y cada uno de nosotros ha determinado que aunque no podamos volver atrás y empezar un nuevo comienzo, viviremos todos y cada uno de los días de tal manera como para hacer un nuevo final.

Recursos

1. Joe Dallas and Nancy Heche, *The Complete Guide to Understanding Homosexuality* (Eugene, OR: Harvest House, 2011).

Chapter One Endnotes

1. Mark A. Yarhouse and Lori A. Burkett, *Sexual Identity: A Guide to Living in the Time Between the Times* (Nueva York: University Press of America, 2003), 30.

2. Ibid., 30–31.

3. Ibid.

4. *A Beautiful Mind,* dirigido por Ron Howard (Hollywood, CA: Universal Studios, 2001).

5. Ibid.

6. Yarhouse y Burkett, 5–6.

7. Robert A. J. Gagnon, *The Bible and Homosexual Practice: Texts and Hermeneutics* (Nashville, TN: Abingdon Press, 2001), 254.

Capítulo Dos

Cómo me engañó la homosexualidad

Puedes aprender a amar cualquier cosa.
Incluso un pájaro en una jaula cantará una canción.
Incluso si te mata al final;
Elige tu veneno.

—George Strait, cantante de música country

Fui violado por un hombre cuando tenía ocho años. Es el primer evento memorable en mi vida que estoy seguro contribuyó a mi confusión de identidad sexual. Hasta qué punto, nunca podré decir con toda precisión, pero para estar seguro, sirvió muy claramente como uno de los fundamentos de cómo veía las relaciones con otros varones en los próximos años. Por supuesto, estudio tras estudio ha demostrado que los abusos sexuales en la infancia casi siempre dan como resultado un daño psicológico, emocional y físico a largo plazo y pueden causar problemas a largo plazo incluyendo dificultad en las relaciones, abuso de sustancias, pérdida de educación e incluso potencial de ganancias limitado. Siendo que me resulta difícil mantener una conversación sencilla, incluso con un conocido durante más de un momento o dos sin querer hiperventilar, y mucho menos construir una amistad duradera; he luchado significativamente con mi peso durante la mayor parte de mi vida y ciertamente tengo una personalidad adictiva; hice muy mal en la escuela incluso reprobé un grado. Por lo tanto, supongo que dada mi experiencia, se podría argumentar que esas conclusiones serían ciertas hasta cierto punto. También añadiré que las enseñanzas de Cristo sobre el amor, junto con la determinación de no permitirme ser un recluso completo significan que sí, yo me pongo a conversar activamente con extraños y amigos por igual; así que no te preocupes, yo no soy un ermitaño. También voy ocasionalmente al gimnasio, el intento para no atracarme demasiado en el helado "Ben & Jerry", he hecho un trabajo decente en educarme, y soy transparente con mis tendencias adictivas; soy capaz de mantenerme fuera de problemas.

Sin embargo, me parece interesante cómo puedo mirar hacia atrás en la edad adulta y ver conectar estas piezas. Cualquiera que sea el caso, esto puedo decir con plena seguridad: sufrir abuso sexual infantil por un hombre fue uno de los muchos ingredientes en la receta que me hizo quien soy hoy en lo que respecta a mi confusión de identidad sexual. Ciertamente, esos acontecimientos en mi juventud me confundían completamente, y nunca hablaba con nadie acerca de ellos, ni siquiera con mi esposa, hasta que tenía unos treinta años.

Por qué la homosexualidad fue tan seductora

Crecí yendo a la iglesia. Con mi padre como el ministro y mi mamá desempeñando el papel de la esposa de un ministro tradicional, recuerdo principalmente sentirme seguro y feliz en mi ambiente familiar cuando era niño. En alguna parte de mis años de adolescencia, sin embargo, mis padres experimentaron grandes dificultades en su relación, y las cosas entre ellos afectaron de manera negativa la atmósfera en casa. A pesar de "quiénes éramos" los domingos cuando íbamos a la iglesia, las cosas estaban bastante estropeadas detrás de las escenas; nadie lo sabía sino nosotros tres. No voy a entrar en detalles sobre quién hizo qué, porque amo a mis padres; se han disculpado y les he perdonado. Ahora que soy padre de cuatro adultos jóvenes, miro hacia atrás con mucho más compasión por lo que deben haber estado pasando. Además, si llegara el día en que uno de mis cuatro hijos sienta la necesidad de compartir algunos de mis momentos más lamentables como padre (Dios me ayude), espero que lo haga con delicadeza y amabilidad. Así que permíteme decir esto: cuando tenía once o doce años (justo en el momento en que fui introducido por primera vez a la homosexualidad), los problemas en casa estaban en pleno apogeo.

Mi padre también estaba enfermo la mayor parte del tiempo, así que pasar tiempo en casa se había convertido en una opción indeseable. En esta etapa de su vida, mi padre estaba distante y demasiado envuelto en sus propios problemas para hacer mucho conmigo. En mis primeros años de pre-adolescencia y adolescencia me sentí abandonado. No sería lejos de la verdad decir que no tenía ningún ejemplo verdadero a seguir en cómo comportarme correctamente como muchacho o joven durante estos años increíblemente formativos. Mis notas en la escuela se desplomaron; como se mencionó anteriormente, me vi obligado a repetir un grado en la escuela. También elegí un grupo de chicos para pasar el rato quienes definitivamente eran la gente equivocada, y ahí es donde empecé a tomar algunas malas decisiones para mi vida.

Mi Primera Vez

Fue también durante este período de tiempo que un niño que era compañero en la escuela me preguntó si quería jugar un nuevo juego que había aprendido (de quien no tengo ni idea) que implicaba jugar a las cartas donde el perdedor tenía que quitarse la ropa. Habiendo crecido en un hogar cristiano extremadamente conservador, no estaba seguro de qué pecado era peor: jugar a cartas (que casi garantizaba que la mano de Dios llegaría desde el cielo y me arrojaría a las profundidades de un infierno ardiente) o despegar mi ropa con un chico en mi dormitorio.

Si bien la mano de Dios no me ha herido, todo un nuevo mundo de pecado y vida disoluta que ahora estaban abiertos a mí ciertamente lo hizo. Obviamente, las cosas fueron cuesta abajo muy rápido, y este chico y yo llevamos a cabo una relación pecaminosa entre nosotros hasta tener más de veinte años. Desde nuestra adolescencia nos considerábamos "novios". Lo que encontré en esta relación - y con las otras con las que estaba involucrado durante este tiempo - fue la aceptación, la atención y el amor que ansiaba pero no podía encontrar en casa. Mientras yo sabía que lo que estaba haciendo estaba mal, emocionalmente me estaba muriendo de hambre, así que seguí regresando. Las personas que sufren hambre emocional harán cualquier cosa para satisfacer esas necesidades emocionales muy reales, sea cual sea el costo. Es una declaración verdadera que "el amor malo es mejor que ningún amor en absoluto."

Años de Confusión

Entre los doce y quince años en especial, recuerdo lo confuso que parecía todo. Yo sabía que yo era diferente de los que me rodeaban porque cuando llegó la pubertad, mi atracción fue hacia los chicos, mientras que todos mis amigos estaban interesados en las chicas. Por supuesto, como todos los que pertenecen a este grupo de edad, las opiniones de mis amigos eran críticas para mí, así que cuando ellos lanzaron tantas bromas sobre gays, homos, pervertidos, anormales y maricas cuando se referían a homosexuales, otra parte de mí moría dentro, sabiendo que yo era una de esas personas a las que todos despreciaban. Todo un nuevo mundo de vergüenza entró en mi corazón que nunca había experimentado antes.

Cuando estaba solo, pensaba en lo poco que el mundo parecía pensar de mí, y lo tomé personalmente como un cuchillo en mi pecho. La soledad de ser un marginado era abrumadora.

En casa, cada vez que se planteaba el tema de la homosexualidad, recuerdo a mi padre mostrando con avidez su aversión de estas personas y lo malvados y malos y repugnantes que eran, como yo débilmente aprobaba, sabiendo que yo era una de esas personas que mi propia padre y todos mis amigos odiaban.

Homosexualidad y Dios

A medida que crecía en mi adolescencia, yo parecía a todos los demás ser un buen chico cristiano. Estuve involucrado tanto como era posible en la iglesia y en la escuela secundaria cristiana a la que asistí. Suplicaba todos los días para que Dios me perdonara y me cambiara. Seguí yendo a la iglesia; me bauticé dos veces pensando que lo que estaba haciendo era tan malo que un bautismo no podía ser suficiente para limpiarme de este pecado en mi vida.

Hice todo lo que pude hacer para ser popular; yo era gracioso, aceptado y amado, todo lo que no sentía en mi interior. En el intento de ser "normal" y como todo el mundo, tuve unas cuantas enamoradas en la escuela secundaria, lo cual me pareció incómodo, extraño y completamente antinatural. Mientras tanto, secretamente seguía en mi relación sexual con mi novio.

Desde los años de diecinueve a veintiuno me ofrecí como voluntario en un equipo misionero en Papúa Nueva Guinea donde caminé a través de las selvas y enseñé a la gente la Biblia, trabajé en un hospital, dirigí una clínica de primeros auxilios, tu sabes, las cosas misioneras típicas. Fueron dos años increíbles: dos años y ningún contacto homosexual con nadie. Había estado esperando que este aplazamiento me sanara, pero fue de corta duración, ya que no mucho después de regresar a casa, volví a mis antiguas maneras, y pronto estaba cruzando líneas que había dicho que nunca lo haría. Estaba convencido de que nadie podría amarme si supiera como era yo realmente.

En lo que respecta a mi iglesia, ciertamente puedo relacionarme con la paradoja única que describe este autor: "Una cosa es luchar, pero otra cosa es sentir que eres el único que lucha. Peor aún es el temor de que si tu problema fuera descubierto, la gracia mostrada a las personas con problemas "normales" no se extendería a ti ".1 Esta era una manera muy solitaria de vivir. Me sentía como un extraterrestre en este mundo heterosexual: yo era diferente de mis amigos, tanto en la iglesia como fuera.

Cada vez que se hablaba de la homosexualidad desde el púlpito, era el mejor ejemplo de lo que la iglesia estaba en contra; se predicaba que era mala, repugnante y deplorable, que era una abominación ante Dios, merecedora de la muerte. Por lo tanto, viví realmente creyendo que debo ser malo, repugnante, deplorable y una abominación ante Dios. Creía que merecía morir y quemarme en el infierno y toda mi vida era una broma para reírse. No es una receta muy buena para construir una autoestima saludable.

Seriamente dudaba el amor de Dios para mí. Sabía que no podía ser salvo espiritualmente con esta cosa en mi vida. Me aterraba ir al infierno, así que por la noche, antes de quedarme dormido, oraba, rogaba, suplicaba, lloraba y gritaba a Dios implorando que me despertara a la mañana siguiente y fuera diferente, heterosexual, normal, cualquier cosa aparte de lo que era; y este era mi ritual durante años.

No mucho después de mi regreso de Papúa Nueva Guinea, me convencí firmemente de que así era como nací, seguro de que el cambio no era posible y confiado en que Dios no tenía ninguna intención de hacerme "normal". Francamente, y extremadamente confundido en cuanto a por qué este Dios "amoroso" me permitiría sufrir con un problema tan difícil en mi vida - un problema que yo no tenía la capacidad de cambiar o vencer por mi cuenta. Por un lado era algo que amaba, pero era una cosa que también odiaba. Pasé los siguientes dos años indiferente a Dios y a los límites morales; así que me metí por completo en el estilo de vida homosexual, todo el tiempo manteniendo la fachada hipócrita de la asistencia a la iglesia y la rutina de vivir en lo que se sentía como dos mundos separados. Sin embargo, ya que la homosexualidad era la única "solución" que había conocido durante tantos años, sólo tenía sentido para mí continuar con lo que era familiar y lo que me haría sentir mejor.

La verdad era que no sólo mi vida estaba rota, sino también mi corazón. Cuanto más me entregaba a las cosas que estaban alimentando esa necesidad emocional, más frustrado me sentía conmigo mismo. El profundo abismo en mi corazón se expandía a un ritmo que no podía llenar, y no hay duda de que durante un tiempo la homosexualidad satisfacía las deficiencias emocionales legítimas en mi vida. Pero el alivio fue sólo momentáneo y me quedé sintiéndome más y más vacío con el paso del tiempo.

Buscando la cosa real

Muchos desean una verdadera intimidad con Dios, pero en su lugar se conformarán con reglas y rituales, una imitación que no trae ninguna cercanía con el Creador en absoluto. Y aquí está el ingenio, la astucia de la mentira de la homosexualidad. El enemigo ama imitar a Dios, "ya que Satanás mismo se disfraza de ángel de luz" (2 Corintios 11:14). Satanás pretende ser algo que no es y trata de vendernos bienes y productos que prometen abundancia pero que eventualmente entrega mercancías espirituales y emocionales que nunca se anunciaron. Él toma algo que es malo y que finalmente nos envenenará espiritualmente y lo hace parecer satisfactorio, agradable y gratificante - por el momento. Así es como Satanás juega los juegos mentales con la humanidad; y hay pocos grupos de personas con quienes ha tenido más éxito en su astuto engaño que aquellos como yo, que han caído en la mentira de la homosexualidad. Promete tanto y entrega tan desesperadamente poco. Es verdaderamente una de las mayores estafas que Satanás ha perpetrado en la humanidad. Por supuesto, vemos esto en juego en todas partes. Los homosexuales no son los únicos que han sido engañados.

Muchos anhelan la intimidad y el compromiso de una pareja en un pacto de por vida pero terminan conformándose con una imitación barata de vivir juntos fuera del matrimonio. No es la cosa real. La verdad es que todos somos culpables de ir al lugar equivocado para saciar nuestra sed emocional, sólo para descubrir que mientras ayudaba la actividad durante algún tiempo, era sólo una satisfacción momentánea de nuestro anhelo más profundo.

Para ilustrar mi punto me referiré a un producto de consumo con el cual todos podemos identificar: una lata o botella de gaseosa no dietética. ¿Quién no quiere una Coca-Cola helada en un día caliente y soleado? Es la marca líder de gaseosa por una razón, pero tan bueno su sabor, hay efectos secundarios que la mayoría de nosotros casi no consideramos al beberla. Un estudio fue realizado en 2006 para determinar qué pasa en el cuerpo al beber una lata de Coca-Cola sesenta minutos después de su consumo. Este estudio, por cierto, señaló que Coca-Cola no es la única culpable, sino que el proceso y los efectos sobre el organismo son los mismos para cualquier gaseosa no dietética. En resumen, el estudio dice: "Se hace estragos en el organismo humano." Y la razón principal es el azúcar:

- En los primeros 10 minutos: 10 cucharaditas de azúcar alcanzan tu sistema. (100% de la ingesta diaria recomendada.) No vomitas inmediatamente por la dulzura abrumadora debido a que el ácido fosfórico corta el sabor, lo que te permite mantenerla en tu organismo.

- 20 minutos: El nivel de azúcar en la sangre sube rápidamente, causando una explosión de insulina. El hígado responde a esto convirtiendo en grasa todo el azúcar que puede....

- 40 minutos: la absorción de cafeína es completa. Tus pupilas se dilatan; tu presión arterial sube; como respuesta tu hígado vierte más azúcar en el torrente sanguíneo. Los receptores de adenosina en tu cerebro ahora se bloquean, impidiendo la somnolencia.

- 45 minutos: Tu cuerpo aumenta la producción de dopamina estimulando los centros de placer del cerebro. Esto es físicamente la misma manera que funciona la heroína, por cierto.

- 60 minutos: El ácido fosfórico une el calcio, magnesio y zinc en su intestino inferior, proporcionando otro impulso en el metabolismo. Esto se ve agravado por las altas dosis de azúcar... aumentando la excreción urinaria de calcio.

- 60 minutos: las propiedades diuréticas de la cafeína entran en juego (lo que hace que tienes que [orinar]). Ahora es seguro de que se evacuan el calcio, magnesio y zinc que se dirigían a los huesos, así como sodio, electrolitos y agua.

- 60 minutos: A medida que el delirio dentro de ti se apaga, comenzarás a tener un bajón de azúcar. Puedes llegar a ser irritable y/o lento. También has literalmente [orinaba] toda el agua que había en la Coca-Cola. Pero no antes de su infusión con nutrientes valiosos que su cuerpo podría haber usado para cosas como hidratar tu sistema, o construir huesos y dientes fuertes.[2]

¡Tal vez nosotros deberíamos parar aquí por un momento para permitir que nosotros los que tenemos refrescos en nuestros refrigeradores podamos tirarlos en el lavabo! Para no mencionar el hecho de que el estudio estaba centrado en una botella regular de 591 ml y no el tipo mega grande para calmar la sed enorme (tres veces el volumen, sí, ¡eso es treinta cucharaditas de azúcar!) que sirven en la mayoría de los cines, tiendas de conveniencia o en un restaurante de comida rápida cuando nos ofrecen el tamaño más grande.

Tomando en cuenta la información anterior, es casi repugnante pensar en la magnitud de abuso que sufren nuestros sistemas internos, a la vez que nos sentamos cómodamente en nuestros asientos reclinables bien acolchonados con respaldo alto - cada asiento proporcionando su propia portavasos personal lo suficientemente amplia como para un recipiente del tamaño de un balde - mientras miramos nuestra película favorita.

La cosa realmente fascinante es que a pesar de que sabemos que estas bebidas son muy poco saludables, ¡la mayoría de nosotros todavía las bebemos! De hecho, estoy seguro que es una apuesta muy segura de que aunque hayas sido equipado ahora con los resultados de este estudio, en algún momento en el futuro cercano es muy probable que tomarás otra Coca-Cola y poner tu cuerpo en estado de shock de nuevo. ¿Por qué? Porque en un día caliente y soleado, o mientras ves algo estallar en una pantalla gigante, hay pocas cosas que tienen un sabor mejor que una Coca-Cola fría con hielo. Después de todo, "Es la cosa real" – ¿no es cierto? No es cierto. ¡Creo que la próxima vez que vaya a ver una película, voy a pedir agua!

¡Sin Embargo, La Tomamos!

Mientras es muy probable que los detalles inquietantes enumerados anteriormente te harán pensar dos veces la próxima vez que piensas agarrar un refresco, la verdad es que, de hecho, siempre hemos sabido que el consumo de una botella de refresco es malo para nosotros. Tú no necesitabas un estudio para confirmar eso. Tu eres consciente de que es sólo una mezcla de azúcar, colorantes y productos químicos como el ácido fosfórico, que por cierto, es tremendo para la eliminación de óxido del parachoques de tu coche. (Por supuesto, para ayudarnos a sentir mejor acerca de lo que estamos echando por nuestra garganta, hay los refrescos que anuncian que su mezcla contiene "sabor natural." Mmmmm ...

¿no suena bien eso?) Ves que aunque los refrescos no son buenos para nosotros, todavía sacian nuestra sed. Ellos siguen satisfaciendo la necesidad, aunque sea sólo momentáneamente.

Lo mismo es cierto para la homosexualidad. Esto es la razón por la cual es tan atractiva para algunos, porque para aquellos que tienen una atracción del mismo género, apaga nuestra sed – nuestra verdadera sed emocional – aunque sólo momentáneamente. Como canta la estrella del country George Straight tan correctamente, "Puedes aprender a amar cualquier cosa. Incluso un pájaro en una jaula cantará una canción. Incluso si te mata al final; elige tu veneno."[3]

No Tiene Que Ver Con El Sexo

En esencia, la homosexualidad es un problema relacional, no es un problema sexual. Eso es correcto, lo dije - no se trata de sexo - y esta es una verdad importante acerca de la atracción homoerótica. La homosexualidad, de hecho, tiene muy poco que ver con el sexo. Toda persona que lucha con la homosexualidad está realmente sólo intentando satisfacer unas necesidades muy emocionales y relacionales legítimas de una manera muy ilegítima. Es crucial que sepas desde el principio que todo el tiempo que crees que la homosexualidad es un asunto sexual principalmente, serás incapaz de ayudar adecuadamente a alguien que se esfuerza por superar sus impulsos homoeróticos, y con ellos las muy reales deficiencias emocionales y genuinas subyacentes que están causando el problema.

Como ya se ha dicho, esto es cierto para todos los tipos de acciones malsanas o incluso pecaminosas. Jesús, siendo el arquitecto del corazón, era y es capaz de ver más allá de la superficie, de mirar mucho más profundo que todos los demás y de centrarse en el problema real.

Por ejemplo, tomemos la historia de la mujer que Jesús conoció en el pozo en Juan capítulo 4:

> Todo el que beba de esta agua volverá a tener sed —respondió Jesús—, pero el que beba del agua que yo le daré no volverá a tener sed jamás, sino que dentro de él esa agua se convertirá en un manantial del que brotará vida eterna.
>
> Señor, dame de esa agua para que no vuelva a tener sed ni siga viniendo aquí a sacarla.
>
> Ve a llamar a tu esposo, y vuelve acá —le dijo Jesús.

No tengo esposo —respondió la mujer.

Bien has dicho que no tienes esposo. Es cierto que has tenido cinco, y el que ahora tienes no es tu esposo. En esto has dicho la verdad.

Juan 4:13–18 NVI

Esta es una historia sobre un alma solitaria y preocupada que estaba tratando desesperadamente de apagar una sed espiritual y emocional. No había satisfacción permanente en las múltiples relaciones que había experimentado. De hecho, cada vez que terminaba una relación, necesitaba ir a buscar un nuevo compañero, esperando que este próximo hombre cumpliera todos sus deseos emocionales. Una y otra vez, sin embargo, se quedó tristemente decepcionada, y esta es la razón por la que cuando conoció a Jesús, ella estaba en su sexta relación. Jesús le dijo que nunca encontraría la satisfacción que tan desesperadamente anhelaba al ir a este mismo viejo pozo como lo había estado haciendo durante años. Sólo él tenía la solución; sólo él tenía el agua limpia y pura que saciaría esta sed y sanaría el quebrantamiento para siempre.[4]

La Gran Estafa

Mi vida refleja la de esa mujer de muchas maneras. Antes de entregar mi vida a Jesús, había pocas cosas a las que me dirigía más que la homosexualidad para apagar mis sedes emocionales. Desde mi juventud, con todos esos problemas en mi vida hogareña y todos los miedos e inseguridades en mi corazón, cada vez que me sentía solo, asustado, no amado, insignificante o poco confiado, aprendí a recurrir a la homosexualidad para satisfacer esas necesidades muy reales. Y funcionó. Participar en esas relaciones y actividades me hizo sentir satisfecho, amado, cuidado, aceptado e importante. Después de poco tiempo, sin embargo (como la mujer en el pozo), siempre me quedé sintiéndome más sediento, más vacío y solo, obligándome a involucrarme aún más en estas relaciones y actividades para apagar la sed emocional otra vez. Fue un ciclo interminable, pero simplemente no me di cuenta.

La triste verdad es que gasté mucho en la homosexualidad, mucho tiempo y energía desperdiciada: horas, días y meses, incluso años que nunca recuperaré. Gasté mucho dinero también, todo para beber algo que nunca me saciaría desde el principio.

Dios, por medio del profeta Isaías, ruega a cada uno de nosotros que veamos la lógica:

¡Vengan a las aguas
    todos los que tengan sed!
¡Vengan a comprar y a comer
    los que no tengan dinero!
Vengan, compren vino y leche
    sin pago alguno.
¿Por qué gastan dinero en lo que no es pan,
    y su salario en lo que no satisface?
Escúchenme bien, y comerán lo que es bueno,
    y se deleitarán con manjares deliciosos.
Presten atención y vengan a mí,
    escúchenme y vivirán.
Haré con ustedes un pacto eterno,
    conforme a mi constante amor por David.

Isaías 55:1-3

¿No somos todos iguales? ¿Acaso no cada uno de nosotros, sin importar nuestra orientación sexual o tipo de quebrantamiento y tentación, ha ido al pozo equivocado para beber, sólo para quedarnos más sedientos que cuando empezamos?

¿Tú y yo no merecemos algo mejor? Dios piensa que sí. El clama a ti y a mí y nos ruega que vayamos a él, para que nuestras almas vivan. Lo que Dios ofrece es gratis. No nos costará nada, y es lo único que saciará nuestras heridas, miedos e inseguridades.

Ahora sé que la homosexualidad nunca me dará lo que realmente necesito o ni siquiera quiero, pero siempre (100 por ciento del tiempo) me dejará emocional y espiritualmente sediento. Sólo cuando decido satisfacer mi sed con el agua viva que Jesús me ofrece, estaré siempre verdaderamente satisfecho.

Cuando Jesús entró en mi vida y me ofreció algo que era mucho más gratificante y satisfactorio que cualquier cosa que la homosexualidad pudiera proveer, y cuando volví a mis sentidos y me di cuenta de que me estaba ofreciendo agua, un agua viva que saciaría mis necesidades emocionales de una manera duradera y eterna más que la homosexualidad nunca podría hacer: Jesús se convirtió en la elección obvia, la cosa real, el mejor lugar para sacar mi agua; es allí que de buen agrado bebo hoy.

Para cada cristiano, hubo un tiempo en que cada uno de nosotros hacía lo que era familiar, lo que habíamos aprendido, lo que funcionaba, dadas nuestras opciones limitadas. Aunque la mayor parte del tiempo sabíamos que estas cosas nos estaban perjudicando, seguimos participando en ellas porque funcionaban; ellos apagaban nuestra sed, aunque sólo por un poco de tiempo.

Todos hemos pasado años bebiendo algo que satisfacía nuestra sed por sólo un corto período de tiempo. Cada uno de nosotros es culpable de comprar estos productos falsos. Si nuestro problema era con el alcohol, las drogas, las relaciones, el comer en exceso, la bulimia, las adicciones sexuales, la pornografía, las adicciones al trabajo, el sueño, las compras por Internet, el juego, el tabaquismo, los videojuegos, los juegos en línea o la homosexualidad, ¿no somos todos iguales?

Los Susurros de Satanás

Ha sido mi experiencia que Satanás ha tratado de sacar provecho de estas debilidades en mi vida. No puedo decirte cuántas veces he pensado para mí mismo, "Soy un perdedor." Al menos eso es lo que Satanás tan a menudo ha susurrado o más bien, siseado, en mi oído interno. Hay otro nombre para los perdedores atraídos por el mismo sexo como yo; se llaman "Wemmicks". A mediados de los años 90, Max Lucado fue el autor de una serie de libros infantiles. Su primero fue titulado "Tu Eres Especial". Es uno de mis libros favoritos porque puedo relacionarme con su personaje principal, Punchinello. En la historia se nos habla de una pequeña gente de madera llamada "Wemmicks".

Los Wemmicks eran gente de madera pequeña, tallada por un carpintero llamado Eli... Cada Wemmick era diferente. Algunos tenían narices grandes, otros tenían ojos grandes. Algunos eran altos y otros eran cortos, unos flacos, unos gordos, unos guapos o bonitos, otros no... Pero todos eran hechos por el mismo tallador y todos vivían en el pueblo. Y todo el día, todos los días los Wemmicks hacían lo mismo. Se dieron etiquetas unos a otros. Cada Wemmick tenía una caja de etiquetas engomadas de estrella de oro y una caja de las etiquetas engomadas de punto gris. Arriba y abajo de las calles la gente pasaba sus días pegando estrellas o puntos uno sobre el otro. Los bonitos, aquellos con maderas lisas y pintura fina siempre conseguían estrellas. Pero si la madera era áspera o la pintura astillada, los Wemmicks daban puntos. Los talentosos también conseguían estrellas. Algunos podían levantar palos grandes muy por encima de su cabeza o saltar sobre cajas altas. Todavía otros sabían grandes palabras o podían cantar canciones bonitas. Todo el mundo les daba estrellas.

Algunos Wemmicks tenían estrellas por todas partes. Cada vez que conseguían una estrella, les hacía sentir tan bien. Les hizo desear hacer otra cosa para conseguir otra estrella. Otros, sin embargo, podían hacer poco y tenían puntos. Punchinello era uno de ellos. Trataba de saltar alto, como los otros, pero siempre se caía. Y cuando se caía, los otros se reunían alrededor de él y le daban puntos. A veces, cuando se caía, su madera se rascaba para que la gente le diera más puntos....

"Se merece muchos puntos", la gente de madera estaría de acuerdo unos con otros. "Él no es una buena persona de madera." Después de escuchar esto tantas veces, Punchinello los creyó. "No soy un buen Wemmick", diría.[5]

Según cuenta la historia, Punchinello finalmente conoció a su creador, Eli, quien le dijo que dejara de preocuparse por los puntos que todos los demás le habían puesto. Todo lo que importaba, dijo Eli, era lo que pensaba de él; y pensaba que Punchinello era muy especial.

Punchinello se echó a reír. "¿Yo, especial? Porque no puedo caminar rápido; no puedo saltar; mi pintura se está pelando. ¿Por qué te importo? "Eli miró a Punchinello, puso sus manos en esos pequeños hombros de madera y dijo "Porque tú eres mío. Por eso me importas."[6]

Soy un "Punchinello". He vivido la mayor parte de mi vida sintiéndome como si tuviera puntos en todo mi cuerpo debido a mis atracciones del mismo sexo. A veces trato de saltar alto, pero cada día, de un modo u otro, me caigo. Y cuando me caigo, me rasco, me lastimo, me siento decepcionado, y siento que he decepcionado a Dios. Es fácil para mí pensar que soy un fracaso y que nunca haré lo bueno. No hay nada, y quiero enfatizarlo que no hay nada, que me ha hecho tener más puntos que mis atracciones del mismo género. Y tristemente, confieso que he puesto la mayoría de ellos en mí mismo.

Soy culpable de haber escuchado las mentiras de Satanás demasiado a menudo y de permitir que el diablo me ponga puntos por todos lados. La Biblia dice que la lengua materna de Satanás es la mentira. Se le llama el "acusador", y en mi vida ha hecho bien su trabajo. Es mi propia voz que oigo acusándome pero es realmente Satanás susurrando en mi oído:

- "Nunca voy a cambiar".
- "No puedo ser amado por Dios ni por otros con atracciones por el mismo sexo".
- "Soy malvado."
- "Hay algo mal en mí porque no puedo cambiar esto".
- "Dios ha cometido un error".
- "Estoy fallando como un discípulo con pensamientos así".
- "¿Hay realmente alguna esperanza? ¿Por qué engañarme? ¿Por qué no simplemente ir y vivir de la manera que quiero: Ser 'gay', aceptarlo; es la única manera en que realmente seré feliz. "
- "Ya he pasado por esto muchas veces. Mejor darme por vencido. Es sólo cuestión de tiempo antes de que vuelva a mis antiguos modos de vida."
- "Me estoy perdiendo; si pudiera ir a hacer las cosas que realmente quiero, estaría satisfecho".
- "No soy realmente cristiano; no soy realmente salvo."

Como cristiano que vive con las atracciones no deseadas por el mismo género, he tenido cada uno de esos pensamientos y aún más muchas veces a lo largo de los años; y sí, para aquellos que se preguntan, he estado en la terapia.

Esta técnica susurrante de Satanás (para enmascarar sus pensamientos como los nuestros) es un truco que data de largo tiempo. En Génesis, la palabra hebrea traducida como "serpiente" en la cuenta del Jardín del Edén se interpreta como "siseador" o "susurrador". Susurra mentiras en nuestros oídos como lo hizo con Eva. Sé que lo hace a todo el mundo, pero para aquellos que sufren atracciones homoeróticas, el diablo se merece el pago de horas extras.

Debido a nuestras debilidades humanas en este mundo roto y caído, a Satanás le gusta tratar de convencernos de que todos somos perdedores, de que todos nosotros somos "Wemmicks" merecedores de puntos. Pero no es cierto. Al igual que con Eli, el carpintero del libro infantil de Max Lucado, lo único que importa es lo que nuestro Creador piensa de nosotros, y de hecho, él piensa que cada uno de nosotros es muy especial. Podemos preguntarnos de vez en cuando por qué, porque hay momentos en que, como Punchinello, no podemos caminar rápido, nuestra pintura se pela y seguimos tropezando y cayendo. Pero cuando esto ocurre, nuestro Hacedor siempre nos reafirma poniendo sus manos amorosamente en nuestros hombros y diciendo: "Te amo porque eres mío, y por eso me importas".

Recursos

1. Joe Dallas, *Desires in Conflict: Hope for Men Who Struggle with Sexual Identity* (Eugene, OR: Harvest House, 2003).
2. Jayson Graves, Healing for the Soul, healingforthesoul.org.
3. Wesley Hill, *Washed and Waiting: Reflections on Christian Faithfulness and Homosexuality* (Zondervan, 2010).

Chapter Two Endnotes

1. Joe Dallas, *Desires in Conflict: Hope for Men Who Struggle with Sexual Identity*. (Eugene, OR: Harvest House, 2003), 23.

2. Wade Meredith, "What Happens to Your Body When You Drink a Coke Right Now?" http://www.healthbolt.net/2006/12/08/what-happens-to-your-body-if-you-drink-a-coke-right-now/.

3. George Strait, "Poison" (MCA Records, 2011).

4. "Living Water Part 1," http://www.settingcaptivesfree.com.

5. Max Lucado, *You Are Special* (Nueva York, NY: Scholastic Inc, 1997) 7–15.

6. Ibid., 27.

Capítulo Tres

Prácticas para ayudar a los cristianos con atracciones por el mismo sexo

No es quien eres; sino es como eres.
—Chico de catorce años del equipo de hockey de mi hijo

Satanás no es la luz más brillante del puerto; para ustedes los que no viven en el mar, me disculpo por la analogía del faro. Yo vivía en Nueva Escocia, en la costa este de Canadá, y el Océano Atlántico estaba a sólo cinco minutos en coche de mi casa; por lo tanto yo estaba rodeado por faros, pero entiendes mi punto, ¿verdad? ¿Debería continuar para que todos se sientan incluidos? A lo que quiero llegar es, cuando se trata del diablo, le falta una tuerca. Tiene cuatro ruedas motrices, pero sólo tres están girando, está a pocos metros de alcanzar la línea de la meta, tiene sólo un remo en el agua, le faltan unos Brady para formar una Tribu y ha perdido el contacto con la nave madre; su antena no recoge todos los canales y le falta un miembro de la junta para formar un quórum. Si le dieras un centavo por sus pensamientos, obtendrías el cambio. Perdería un debate con una perilla de la puerta; no es el cuchillo más afilado en el cajón; el ascensor no sube hasta la cima; el queso se ha deslizado de la galleta - y realmente podría seguir.

Así que ahora que he intentado incluir a todos ustedes los carpinteros que manejan camiones con tracción integral, les gusta tirar un balón y que, en las noches, les gusta mirar en secreto repeticiones de la Tribu Brady y Star Trek en su vieja televisión blanco y negro con antena antes de salir a una reunión del consejo, voy a continuar. ¿Por qué estoy siendo tan duro con el viejo Belcebú? Porque, cuando se trata de engañarnos, mentirnos y hacernos pecar, él realmente no tiene mucha imaginación. Por supuesto, yo no desconozco Judas 1:9, donde se nos dice que incluso el arcángel Miguel, al discutir con el diablo, "no se atrevió a pronunciar contra él un juicio de maldición." Soy consciente de ese peligro y ciertamente no quisiera llegar donde ni siquiera los ángeles se niegan a ir, pero tampoco creo que me haya acercado a hacer acusaciones blasfemas contra el Príncipe de los Demonios. Más bien, estoy hablando sólo de su falta de ingenio cuando se trata de la tentación. Quiero decir, todos luchamos con las mismas "cosas", ¿no es cierto? Él ha estado lanzando el mismo tipo de seducciones y tentaciones a la humanidad desde los días en que Adán y Eva paseaban desnudos por el jardín.

No es que el diablo siga inventando nuevas tentaciones con las cuales nos puede atraer. Seguramente, debido a los avances tecnológicos - como si pareciéramos intentar demostrar que Romanos 1:30 es verdad - los seres humanos se han hecho buenos inventando nuevas formas de pecar. Pero en el centro de todo esto, Satanás viene a nosotros con la misma vieja basura: la lujuria, la avaricia, el engaño, la calumnia, el chisme, la ira, los ataques de rabia, el odio, la indulgencia, la idolatría, los celos, el orgullo, etc., etc. ¿Tengo razón? No importa cuánto tiempo hayas sido un discípulo, cinco minutos o cincuenta años, cada uno de nosotros es susceptible al viejo saco de trucos de Satanás. Si cogiera a alguno de nosotros en el momento exacto - cuando nuestra guardia está baja - no hay ninguno que pudiera decir sinceramente que no ha pecado en ninguna de estas áreas en un grado u otro.

Están por todas partes

Supongo que por eso siempre me divierto escuchar a los cristianos hablar con tal asombro cuando llegan a la conclusión de que hay discípulos que son tentados con la homosexualidad. A veces incluso pecan en su asombro, y por eso no me divierto. Crea un ambiente que es lamentable para los que tienen atracciones por el mismo sexo; a menudo se sienten incapaces de ser transparentes acerca de cualquier lucha en el único lugar en el que deberían sentirse más seguros para compartir esa información: la iglesia. ¿No es un lugar lleno de pecadores, todos igualmente necesitados de la sangre de Jesús para mantenernos limpios? Ningún cristiano debería pensar por un minuto que este asunto no afecta a su congregación local, pues he aconsejado, hablado y llorado con discípulos de literalmente por todo el mundo que vienen de un pasado homosexual y que aún viven con atracciones homoeróticas no deseadas.

Algunas de estas personas son tus evangelistas, líderes de iglesias, ancianos y líderes de grupos pequeños. Ellos sirven en los programas dominicales para los niños, cantan canciones, juegan en su banda y enseñan lecciones en tus servicios. Están en tus ministerios de solteros, casados, estudiantes universitarios y adolescentes.

En cada servicio se sientan a tu lado en la iglesia y te abrazan durante el tiempo de compañerismo en la iglesia; comes con ellos en sus hogares. Son tus amigos y personas a quienes amas y respetas muy bien. Sé que esto es cierto, porque he hablado con ellos. Son hombres y mujeres y vienen de América del Norte, Central y del Sur; Europa; Asia; el Medio Oriente y África. Aparte del Ártico y la Antártica, he aconsejado personalmente a los cristianos que viven con las atracciones por el mismo sexo de todos los continentes del mundo, y sin duda alguna estaré en contacto con alguien del Polo Sur algún día en el futuro. Sin embargo, la mayoría en nuestras banquillas no saben que la persona con la que están adorando y a quien ellos llaman "hermano" o "hermana" tiene una historia de miedo, dolor, aislamiento y confusión que la mayoría nunca podría entender.

¿Cuántos cristianos están atraídos por el mismo sexo?

Para responder a la pregunta de cuántas personas en la iglesia están atraídas por el mismo sexo, primero debemos tomar una breve mirada a lo que los últimos estudios nos dicen acerca de cuántas personas se identifican como "homosexuales" o "bisexuales" en la población general. Es posible que hayas leído o escuchado el concepto erróneo común de Alfred Kinsey, uno de los primeros científicos en llevar a cabo a gran escala encuestas científicas sobre la sexualidad humana y quien es autor de *Sexual Behavior in the Human Male* en 1948 y *Sexual Behavior in the Human Female* in 1953. Según él, el diez por ciento de la población es homosexual o gay.[1]

Este número sigue siendo ampliamente mantenido como cierto, aunque la mayoría de los investigadores en este campo disputan esos hallazgos:

> Los investigadores raramente discuten lo profundamente defectuosos que parecían ser los datos de Kinsey. Para un estudio como el de Kinsey para producir datos a partir de los

cuales podríamos generalizar a toda la población, la muestra en estudio tendría que ser más o menos representativa de esa población en general... Pero Kinsey parece haber ignorado la necesidad de mantener su muestra representativa de la población estadounidense. Parece como si la muestra de Kinsey de los varones estaba sesgada porque sobremuestra una variedad de grupos.... Y curiosamente, cada ejemplo de sobremuestreo parece haber aumentado la probabilidad de encontrar una mayor incidencia de prácticas sexuales no tradicionales.2 ... Dos distorsiones de la muestra son las más impactantes: En primer lugar, Kinsey sobremuestreó drásticamente a los presos ... En segundo lugar, Kinsey sobremuestreó drásticamente a los miembros de organizaciones homosexuales.[3]

Así que vamos a olvidar a Kinsey y esta cifra del 10 por ciento en conjunto, ya que el número no es claramente preciso. ¿Qué porcentaje es más correcto?

Si bien es casi imposible determinar con exactitud, sobre la base de los estudios más recientes proporcionados, se reconoce generalmente que la cifra se sitúa entre el tres y el cuatro por ciento de la población. Un estudio realizado por una encuesta del gobierno de los Estados Unidos informa que el número de adultos entre las edades de dieciocho a cuarenta y cinco que se identifican como homosexuales o bisexuales es de 4 por ciento,[4] y un estudio de 2011 publicado por La Facultad de Derecho de la UCLA sitúa la cifra en 3,8%.[5] Sería un error asumir que nuestras congregaciones no reflejan la diversidad de nuestras culturas, considerando que nuestras afiliaciones están formadas por individuos que han salido del mundo mismo del cual estos datos han sido obtenidos.

También sería incorrecto deducir (y he escuchado el argumento) que, debido a que muchos de los miembros de la iglesia son hijos de la segunda y tercera generación de otros miembros de la iglesia (es decir, "crecieron" en la iglesia) que este porcentaje sería menor porque estos niños habrían sido criados en un hogar cristiano - un ambiente que enseña la ética sexual bíblica - disminuyendo así la posibilidad de que los niños de hogares cristianos fueran atraídos por el mismo sexo. Aceptar ese argumento significaría ignorar las dos realidades siguientes: en primer lugar, en su esencia, la atracción por el mismo sexo no es más un dilema moral que un subproducto de un individuo que sufre deficiencias emocionales que no han sido satisfechas en la infancia; esto puede ocurrir en un hogar cristiano como puede ocurrir en un hogar no cristiano. Segundo, no siempre existe razón alguna de por qué alguien tiene una atracción por el mismo sexo.

Si bien es cierto que más de cien años de investigación han demostrado que el denominador común para la atracción por el mismo sexo para ambos sexos es impulsado por un trauma sexual y/o carencias emocionales y relacionales experimentadas durante la adolescencia, hay niños atraídos por el mismo sexo que crecieron en hogares cristianos seguros, cariñosos y bien equilibrados que simplemente no experimentaron el patrón normalmente atribuido a este rasgo. Por lo tanto, es seguro decir que en promedio, entre el tres y el cuatro por ciento de los hombres y mujeres en tu congregación son más probables atraídos por el mismo sexo. Haz los cálculos para tu propia congregación.

Sé que es intimidante

Reconociendo humildemente que todos nosotros somos una mezcla de gloria y tragedia entrelazadas, ¿cómo pueden los cristianos ayudar prácticamente a este pequeño pero muy importante y necesario sector demográfico en nuestras iglesias? Es verdad que nuestros hermanos y hermanas necesitan el beneficio de la atención enfocada, el estímulo y el apoyo. Muchos han abandonado la iglesia porque no sentían que pudieran ser verdaderamente auténticos, abiertos y transparentes con sus vidas por miedo a ser rechazados. Aquellos que permanecen fieles a menudo lo hacen silenciosamente por el mismo miedo al rechazo. Si esos temores han sido genuinos o más percibidos - como lo fue en mi caso - no es el punto. El punto es que los riesgos son grandes y la comprensión de lo que funciona y lo que no funciona cuando se ofrece apoyo es fundamental para el éxito de ayudar a estos hombres y mujeres a navegar su vida cristiana. Por lo tanto, te aplaudo por leer este libro y felicito a los equipos de liderazgo de las congregaciones locales que han estado ansiosos por educarse sobre este tema confuso.

Reconozco y aprecio plenamente los años de cuidado pastoral que nuestros líderes de la iglesia y los ancianos han proporcionado fielmente a sus congregantes. Como evangelista, sé lo que es tener que ser el experto en todo en una iglesia, de alguna manera se espera que conozca todas las respuestas a todos los problemas que se le presentan. Parece que, si estás en el ministerio a tiempo completo, se supone que eres un experto en todos los temas concebibles, lo que por supuesto no es posible. También sé que muchos sienten una sensación de intimidación cuando se trata de ayudar a alguien que proviene de un pasado homosexual. Sé que el tema es confuso, difícil de discutir, y complejo. Por lo tanto, ofrezco este capítulo sobre lo que cada cristiano puede hacer y qué clase de actitud debe emplear al tratar de ayudar a los discípulos que viven con las atracciones no deseadas del mismo género.

El afecto genuino mueve el corazón

Es increíble cómo el afecto genuino moverá el corazón. Para llegar allí, sin embargo, tengo que contarte esta verdadera historia porque ilustra muy bien la primera y principal entidad esencial que debe tener todo cristiano que anhela ayudar a los demás. Para aquellos de ustedes que no vienen de Canadá, necesito explicarles un poco sobre nuestra cultura. Debido a que este país pasa la mayor parte del año bajo una capa de hielo y nieve, es lógico pensar que el hockey sobre hielo es el deporte más popular aquí. El atleta profesional más renombrado del deporte es un canadiense por el nombre de Wayne Gretzky. Él era, sin duda, el mejor jugador al ponerse un par de patines. Durante sus diecinueve años de carrera profesional rompió sesenta y un récords, fue nombrado diez veces el jugador más valioso de la Liga Nacional de Hockey y llevó a su equipo a ganar la Copa Stanley (el premio más apreciado del hockey) cuatro veces. También fue recientemente nombrado como uno de los "diez mejores canadienses de todos los tiempos".6 Tan grande que era Wayne Gretzky, su apodo es "The Great One" ("El Grande"), mi historia no es sobre él, sino sobre su padre, Walter.

Walter se convirtió en un nombre familiar en todo Canadá al conocerse la historia de cómo pasó su pasión por el hockey a su hijo Wayne. Le enseñó al niño a pensar estratégicamente varios pasos por delante de todos los demás en el hielo, dando a su hijo las herramientas que utilizó para convertirse en el mejor jugador de todos los tiempos. En 1991, Walter sufrió un aneurisma cerebral que casi se muere. A pesar de que sobrevivió, el aneurisma resultó en un lapso permanente de veinte años en la memoria de principios de los años setenta a principios de los años noventa - el período de tiempo en que habría presenciado a su hijo ganar todos esos campeonatos y romper esos sesenta y un récords. Sin embargo, después de años de fisioterapia intensa, el padre más famoso del hockey no sólo se recuperó, sino que se ha convertido en uno de los más grandes embajadores de numerosas organizaciones benéficas en toda América del Norte. Walter Gretzky se hizo conocido al principio porque es el padre de Wayne, pero es el corazón compasivo y su celo para ésos menos privilegiados y desamparados que le han hecho un locutor tan popular.

Hace varios años cuando yo vivía en Halifax, Nueva Escocia, Walter Gretzky vino a esa ciudad para recaudar dinero para el Ejército de Salvación. Un buen amigo mío, Ron, cuyo hijo jugaba en el equipo de hockey de mi hijo, trabajaba en relaciones públicas para el Ejército de Salvación y organizó la recaudación de fondos. Cientos de personas hicieron fila para tener la oportunidad de conocer a Walter. Se hizo evidente que habría que programar mucho más tiempo para el evento porque estaba tan decidido a firmar un autógrafo para cada persona y mantener una conversación con cada uno de ellos. Su naturaleza amable y cariñosa era obvia, especialmente para los residentes que vivían en el Ejército de Salvación.

Tal vez el mayor entusiasmo de Walter se produjo cuando se hizo fotografiar con uno de los nuevos graduados del programa de adicciones de 12 pasos. "¡Bueno! ¡Esto es fantástico! ¡Buen trabajo! ", exclamó con la típica exuberancia, dejando a todos a pensar que el logro era semejante a un gol en el séptimo partido de los finales de la Copa Stanley.[7]

Mientras estaba en Halifax, el Sr. Gretzky se negó a permanecer en un hotel. Prefirió en lugar de quedarse con Ron, su esposa y sus hijos. Tuvo un impacto tan increíble en esta familia que cuando llegó el momento de llevar a Walter al aeropuerto, su hijo se conmovió y no quería verlo ir. Como más tarde explicó a su padre: "Papá, no es quien es, es como es."[8] Es increíble cómo el afecto genuino, la calidez y la bondad afectarán y tocarán a tantos, ¿no?

A quien estamos atraídos

Creo que así era Jesús. Al leproso a quien Jesús alcanzó y tocó cuando probablemente no había sentido la caricia de la mano de otra persona en años, estoy seguro de que no era quién era Jesús, sino cómo era Jesús. A la mujer sorprendida en el acto de adulterio y que necesitaba desesperadamente a alguien con compasión para intervenir y salvarla de un grupo de hipócritas santurrones que estaban ansiosos de matar a alguien ese día - no era sólo quién era Jesús, sino cómo era Jesús. ¿Y qué de la mujer que desafió las miradas despectivas y despreciativas de los "respetables" que se reunían en el patio de Simón, el fariseo, para escuchar la enseñanza de Jesús, sólo para que pudiera echar perfume en sus pies?

Antes de que pudiera abrir el frasco, lágrimas de gratitud se derramaron por sus mejillas y se posaban sobre los pies de Jesús. Simón se preguntó cómo Jesús podría dejar que esta mujer pecadora lo tocara y hacer estas cosas. Él la vio como un "objeto" que era repugnante y detestable debido a sus malas intenciones. Jesús, sin embargo, vio a una mujer que ansiaba ser liberada de su pasado: que anhelaba ser perdonada, que había sido abusada por un mundo cruel y despiadado, y que fue tratada con igual crueldad por el establecimiento religioso. Y mientras esta mujer permanezca sin nombre y no sepamos otra cosa de su vida, ella se levanta como un testamento de lo que significa estar atraído a Jesús - no sólo por quién es Jesús, sino por cómo es.

Desde mi adolescencia hasta la actualidad, he estado bajo la influencia de numerosos ministros, evangelistas, ancianos, diáconos y muchos otros líderes, todos con diferentes títulos y niveles de responsabilidad. Todos trabajaron duro, y estoy agradecido por el impacto que han tenido en mi vida. Pero hay muy pocos a quienes estaba dispuesto a dar mi corazón, con los que estaba dispuesto a ser abierto y transparente con respecto a mi pasado homosexual y las atracciones por el mismo sexo, a quienes permití conocer el verdadero yo. Estos pocos no me impresionaron con sus impresionantes habilidades oratorias o reputación o nivel de educación o cualquier otra credencial ministerial. Más bien, me sentía atraído por estos hombres porque eran amables, compasivos y sensibles y no pensaban demasiado bien de sí mismos. Estaban ansiosos de amarme y aceptarme incluso en mi estado más roto. Me sentía atraído hacia ellos no por lo que eran, sino por la forma como eran.

Una de las prioridades de Strength in Weakness Ministries es alentar a los hermanos y hermanas atraídos por el mismo sexo a ser abiertos y transparentes con uno o dos individuos espiritualmente maduros y de confianza en su congregación local. No puedo exagerar lo vivificante que ha sido para mí tener este tipo de relaciones. Ser amado, ser creído y ser apoyado por hermanos que son mis amigos (¡aunque ellos sepan quién era y quién soy) no es más que un regalo de Dios!

Cuando el aislamiento se considera la mejor opción

Pero me atrevo a decir que estoy en la minoría de los cristianos atraídos por el mismo sexo en todo el mundo que desarrollan y utilizan este tipo de relaciones de responsabilidad. Para muchos en nuestras congregaciones alrededor del mundo, hay posibles consecuencias serias cuando se trata de la transparencia debido a la forma en que las diferentes culturas y las leyes locales se ocupan de la homosexualidad. Para los cristianos que vienen del continente de África y del Medio Oriente y otras culturas predominantemente musulmanas, uno puede ser encarcelado o incluso ejecutado por estar involucrado en la homosexualidad; el aislamiento a menudo parece ser la mejor opción en comparación con la transparencia y la confesión.

En 2011, la Asociación Internacional de Lesbianas, Gays, Bisexuales, Trans e Intersex completó un estudio exhaustivo de las leyes globales sobre la homosexualidad y la investigación demostró que setenta y seis países siguen persiguiendo y procesan a las personas por su orientación sexual y siete siguen castigando los actos sexuales entre personas del mismo sexo con la muerte. Los líderes de la iglesia, los ancianos y los responsables del suministro del cuidado pastoral en estos países, especialmente, deben ser capaces de separar lo que el mundo llama ilegal y trata con crueldad, pero es simplemente una parte de la condición humana quebrantada por lo que la Biblia llama pecado (homosexualidad). A continuación, deben proceder con extrema cautela y confidencialidad, reconociendo los posibles peligros futuros si alguien descubre que hay cristianos con atracciones homosexuales en su comunidad cristiana.

Para el discípulo que reside dentro de los países civilizados occidentales donde la homosexualidad no es ilegal (Europa Occidental, las Américas y Australasia), ser transparente sobre sus luchas homosexuales también puede ser un acontecimiento angustiante - muchos ya han pasado la mayor parte de su vida siendo el blanco de bromas crueles, sometidos a un lenguaje ofensivo y llamados nombres despectivos. Algunos han sido completamente rechazados por sus padres, amigos y otros seres queridos. Otros han enfrentado persecución física y han sido estereotipados erróneamente, a menudo considerados como personas de menos de segunda clase.

Recuerdo con tanta claridad la agitación interna que sufrí mientras trataba de buscar el coraje de decirle a mi ministro que yo era "gay". Era absolutamente aterrador. Una cosa era ser rechazado y ridiculizado por un mundo que juzgaba, pero temer que mis hermanos y hermanas no me iban a querer era demasiado para soportarlo. Estaba seguro de que algunos en la iglesia se alejarían de mí, rechazarían mi amistad y harían suposiciones injustas acerca de mi vida y carácter, y que incluso podrían pedirme que me vaya para siempre por eso. Este fue un temor que no se limitaba al comienzo de mi viaje cristiano, pero desgraciadamente uno que me afectó durante los primeros diecinueve años de mi experiencia cristiana. De hecho, incluso hoy, después de hablar tan públicamente y ampliamente sobre mis atracciones homosexuales, sigo sufriendo enormemente la ansiedad e inseguridad antes de subir al púlpito de las iglesias donde me han invitado a hablar, sabiendo que estoy a punto de confesar a cientos o miles de personas que soy un discípulo atraído por el mismo sexo.

Para el crédito de la iglesia, he visto que mis miedos han sido en gran medida infundados y se basan mucho más en mis dudas e inseguridades que en la realidad; y sinceramente, he sentido el amor, la aceptación y la compasión que tanto anhelo en la iglesia. Ha habido algunas excepciones por supuesto, pero en general en la vida de Guy Hammond, la novia de Cristo ha demostrado ser lo que Jesús pretendía que fuera después de todo. Dicho esto, el desarrollo de confianza es crucial para ayudar a los cristianos atraídos por el mismo sexo.

No es a diferencia de una relación médico-paciente

Mi padre pasó la mayor parte de su vida muy enfermo. Mientras tantos recuerdos difíciles inundan mi mente con todo lo que sufrió, una noche en particular se destaca para mí. En esta noche, el dolor pulsante entre sus sienes era tan severo y con la necesidad de subir un tramo de escaleras para llegar a su dormitorio, simplemente no tenía la fuerza necesaria para subir los escalones hasta su cama. En cambio, se vio obligado a salir de su silla reclinable y gatear lentamente hasta el centro del piso de la sala de estar, donde colapsó. Ya había apagado la mayoría de las luces de la casa como mi padre me había instruido, ya que incluso la más leve iluminación era como una bala en sus ojos. Sufría de migrañas del tipo que no se podía eliminar con los medicamentos de venta libre. Las recetas médicas aún más potentes como Percodan, 222, inyecciones de morfina e incluyendo diferentes combinaciones de narcóticos y barbitúricos tenían poco efecto.

Las visitas constantes a las salas de emergencia del hospital (literalmente casi semanalmente a medida que crecí), la acupuntura, la terapia de masaje y todo lo que se recetó y probó resultó ineficaz a través de los años. De hecho, literalmente no recuerdo un día en el cual él no tenía que someterse al dolor agonizante que comenzó justo por encima del ojo izquierdo y se extendió a las sienes, a través de la parte superior de la cabeza y luego hasta la base de su cráneo. Mientras que el dolor era casi continuo, durante la mayoría de los días él tenía el vigor necesario para conseguir con sus responsabilidades cotidianas. Pero ese no fue el caso en esta noche. El posible alivio parecía inexistente y desesperanzado. No valía la pena llamar a una ambulancia como lo hice en otras noches cuando estaba solo con él y completamente impotente como niño para ayudarlo. Simplemente no había nada que la profesión médica tenía que ofrecer que le diera alivio.

Mientras las lágrimas corrían por su rostro, él me pidió que buscara su Biblia. Yo tenía doce años, quizás trece. Cuando volví, mi papá mi pidió que me sentara a su lado en el suelo y que leyera una y otra vez las únicas palabras tranquilizadoras que le proporcionaban consuelo: el Salmo 23: "Aunque pase por el más oscuro de los valles, no temeré peligro alguno, porque tú, Señor, estás conmigo". Nunca olvidaré esa noche. Esa noche y tantas otras se quedan en mi memoria, como cuando él estaría predicando y en medio de su sermón, en ocasiones, tendría que interrumpirlo y excusarse del púlpito, y luego pedirle al líder de la canción que dirija la congregación en unos cuantos himnos mientras él yacía en el banquillo de frente tratando de recuperar las fuerzas para continuar o tantas horas, cientos de ellas estoy seguro, en las salas de espera de emergencia hasta las primeras horas de la mañana, cuando le daban otra inyección para el dolor.

Cuando un buen trato personal es necesario

Es curioso cómo ciertas cosas se quedan en mi memoria después de todos estos años, como los médicos y enfermeras que eran amables, empáticos y considerados - los que tenían un increíble "trato personal." Pero entonces, había unos pocos que habrían avergonzado a Doctor House (tu sabes a quién me estoy refiriendo si has mirado la serie de televisión de los EEUU llamada House, donde el doctor irritable hace esfuerzos para probar que la "atención médica compasiva" puede ser una contradicción). Nunca olvidaré a estos individuos por lo fríos, indiferentes e insensibles que fueron cuando administraron su "ayuda". Nunca he estado personalmente enfermo para necesitar ayuda como esa y ojala que nunca lo sea, pero pude ver cómo las actitudes completamente antipáticas de algunos hicieron daño a mi papá, haciéndole lamentar que había venido a buscar ayuda en primer lugar. De alguna manera, valía la pena soportar incluso el dolor severo que sufría, aunque sólo fuera para no tener que pasar por la indignidad de manos de estos "cuidadores" que no se preocupaban por él y muchos de los cuales incluso cuestionaban la severidad de su sufrimiento.

Al no ser un médico, enfermero o cualquier otro empleado de la profesión de salud, no puedo imaginar lo difícil que estos trabajos deben ser. Estoy seguro de que todo el día tener que ayudar a las personas que están sufriendo te puede cansar. Los tiempos deben venir, especialmente después de un largo turno, cuando es difícil seguir sintiendo el dolor de los demás de tal manera que así tú podrías seguir siendo empático en cada interacción. Pero para la persona que está enferma y se siente sola, temerosa, vulnerable e insegura de lo que va a suceder a continuación, el trato personal del profesional de la salud que le está cuidando es necesario porque consuela y alienta al paciente. Cuando tú eres sensible a cómo se siente la persona, tus tonos vocales, lenguaje corporal y la presencia calmada pueden ponerlo a gusto y hacerle saber que tú estás allí para ayudar. Alguien con un trato personal malo termina en dejar al paciente preocupado y ansioso.

Jesús, que era, por supuesto, el médico supremo, tenía un trato personal extraordinario. Siempre era sensible, preocupado y consciente de la enfermedad con que la persona sufría. También era consciente de lo vulnerable, miedosa e insegura que se sentiría esa persona. Una de las historias más emotivas y conmovedoras de toda la Escritura nos da un ejemplo de lo increíble que era el trato personal de Jesús. En Marcos 7:31-35, cuando Jesús estaba haciendo su camino por la ciudad, se le presentó con un hombre que era a la vez sordo y mudo. Lee este cuento, y mira el ejemplo maravilloso de Jesús de cómo tratar a la gente cuando está en la desesperación:

Luego regresó Jesús de la región de Tiro y se dirigió por Sidón al mar de Galilea, internándose en la región de Decápolis. Allí le llevaron un sordo tartamudo, y le suplicaban que pusiera la mano sobre él.

Jesús lo apartó de la multitud para estar a solas con él, le puso los dedos en los oídos y le tocó la lengua con saliva. Luego, mirando al cielo, suspiró profundamente y le dijo: "¡Efatá!" (que significa: ¡Ábrete!). [35] *Con esto, se le abrieron los oídos al hombre, se le destrabó la lengua y comenzó a hablar normalmente.* (énfasis añadido)

No siendo alguien que ha sufrido tal enfermedad física, realicé algunas investigaciones menores sobre lo que es ser sordo. Encontré una carta escrita por Ludwig van Beethoven en octubre 1808 a su hermano Carl, donde derrama su corazón en los diferentes niveles de dolor emocional que padecía por no poder oír. Usaba palabras como "soledad", "incomprensión", "no relajación en la sociedad", "completamente solo", "un marginado", "temor", "torpe", "sospechoso", "avergonzado" y "confundido". Estos son sólo algunos de los sentimientos que se siente una persona con sordera. ¿Y qué del trato personal de Jesús con este hombre?

El Señor hizo algo muy hermoso. Tomó al hombre de la mano, lo llevó al lado donde estaba solo con él y lo curó en privado. No había multitudes, no había caos, no había espectáculo. Aquí había un hombre que había vivido una vida de incomprensión, que no podía relajarse en la sociedad, que se sentía completamente solo, un marginado, torpe, sospechoso, avergonzado y confundido. Jesús, en su manera cariñosa, lo sabía, y para no convertir esta curación en una especie de espectáculo grandioso donde los sentimientos de inseguridad sólo se amplificarían, Jesús lo llevó aparte para estar a solas con él y lo trató en privado. Para Jesús, este pobre hombre no era un espectáculo, sino un hombre que tenía sentimientos y emociones y que necesitaba ser tratado con respeto y sensibilidad.10 Jesús quería calmar sus temores y hacerle saber que estaba allí para ayudarlo y no lastimarlo.

Entonces, en una manera continua de preocupación creciente para este caballero, Jesús puso sus dedos en las orejas del hombre, escupió y tocó la lengua del hombre. El mundo antiguo tenía una curiosa creencia en el poder curativo de la saliva.11 Jesús, por supuesto, sabía que la saliva no tenía propiedades curativas, pero debido a que el sordo creía que las tenía, el Señor, de manera gentil y reflexiva, administró una forma antigua de sanación para que el hombre supiera que Jesús estaba allí para sanarlo y no le haría daño. Una y otra vez a lo largo de las Escrituras Jesús mostró la habilidad de ser pensativo y comprensivo de las debilidades y vulnerabilidades de la mente y alma humana.

Cuando Jesús se encontró con un leproso que rogaba por la curación no sólo lo sanó, sino que primero, en una muestra tierna de afecto humano, extendió la mano y tocó al hombre. Probablemente, el leproso no había sentido la caricia de la mano de otra persona en años, pero Jesús tenía un trato personal extraordinario. ¿Qué tiene que ver esto con ayudar a los homosexuales o cristianos que tienen una atracción por el mismo sexo? Todo.

Los Leprosos Entre Nosotros

Una organización sin fines de lucro basada en la fe en Inglaterra dedicada a hablar en contra del activismo "pro gay" en toda Gran Bretaña e Irlanda celebra una conferencia anual llamada "Lepers Among Us" ("Los Leprosos Entre Nosotros"). Dejando a un lado todas las buenas intenciones posibles, me pregunto: ¿es concebible ser más insensible? Lo dudo, en mi humilde estimación, no es el tipo de lenguaje de construcción de vínculos necesario para involucrarse con la comunidad de gays, lesbianas, bisexuales, transexuales y queer (GLBTQ) de una manera que fomente un diálogo útil.

El título de la conferencia de este grupo ha merecido una condena generalizada por parte de los medios de comunicación en toda Europa. Aparte de su falta de tacto, el nombre de la conferencia ha tocado un nervio abierto en la comunidad gay, sobre todo porque muchos hombres y mujeres homosexuales a menudo se han sentido como si fueran los leprosos de nuestra generación. Así como los leprosos de los siglos anteriores debían ser evitados, considerados impuros y forzados a vivir en comunidades segregadas, los homosexuales también han sufrido las heridas de ser evitados con frecuencia, considerados impuros y forzados a estar en comunidades sociales segregadas. Así como Jesús estaba dispuesto a extender la mano y tocar al leproso y al hacerlo así fue en contra de todas las normas culturales de la época para transmitir misericordia, amor y compasión, los discípulos de Jesús deben estar dispuestos a hacer lo mismo con los homosexuales de hoy. En otras palabras, los cristianos no pueden permitir que un mundo pecador dicte a la iglesia de Jesús cómo tratar a los demás.

Es importante tener en cuenta cómo se sienten a menudo las personas con atracciones homosexuales que vienen a la iglesia cuando consideramos quiénes seremos con estas personas y la clase de trato personal que demostraremos al intentar ayudar. Puedo decirte que en mi viaje personal como hombre en la iglesia con atracciones por el mismo sexo, independientemente de las tremendas victorias que he experimentado en superar mi pasado pecaminoso y en aprender a vivir con éxito como un cristiano que todavía sufre atracciones homoeróticas, he vivido la mayoría de los días sintiéndome diferente de todos los demás y como un forastero. Ciertamente, muchas de las inseguridades que he experimentado han sido impuestas por mí mismo y basadas injustamente en lo que temía que sucediera si los cristianos tuvieran conocimiento de mis atracciones por el mismo sexo. Esto es diferente de lo que realmente ocurrió cuando me hice transparente con mi naturaleza pecaminosa. Pero en verdad, he oído algunos comentarios bastante ridículos e insensibles que salen de la boca de cristianos bien intencionados a lo largo de los años.

Las lecciones que he aprendido de esto y que paso libremente a otros discípulos atraídos por el mismo sexo es que estas situaciones son oportunidades para proporcionar compasión y perdón a aquellos que dirían cosas tan dañinas, apreciando que simplemente no sabían lo que estaban haciendo. Como mencioné antes, cuando mi papá buscaba ayuda de la profesión médica y entraba en contacto con alguien con un trato personal terrible, de alguna manera incluso el dolor severo valía la pena soportar si solo era para evitar la indignidad de sus cuidadores que aparentemente no eran comprensivos. A veces he sentido lo mismo. Si tú puedes tener esto en mente al momento de ofrecer consejo espiritual y amistad, ayudaría mucho en la determinación de tu trato personal. Deberías proceder sabiendo que los cristianos atraídos por el mismo género, al igual que Beethoven que era sordo, han pasado gran parte de su tiempo viviendo en soledad, sintiéndose incomprendidos, solos, torpes, avergonzados e incómodos.

Aquí hay seis cosas prácticas que puedes hacer para ayudar a los discípulos atraídos por el mismo sexo:

1. Crear un entorno en el que sea fácil ser abierto y transparente.

Cuando aconsejas a un amigo atraído por el mismo género, recuerda que los pecados y las tentaciones serán confesados a ti, cosas que nunca has experimentado personalmente ni siquiera considerado, y que tú personalmente puedes considerar repugnantes. Jesús sin duda fue repugnado por los pecados de otros también, pero esto nunca permitió que influenciara la manera en que trataba a la persona. El individuo a quien tú estás ayudando necesita saber que puede confesar libremente y discutir cualquier cosa contigo, sin que tú te alejes o lo rechaces. De hecho, nunca habrá un momento en que necesita sentir tu amor y aceptación más que cuando ha expuesto su corazón de esta manera. El sólo se sentirá libre de volver a ti de nuevo si realmente cree que lo amas incondicionalmente y que tú proporcionas un lugar seguro para que pueda hablar libre y abiertamente.

El amor incondicional de Jesús atrajo a la gente a empujar a través de las multitudes para llegar a él porque sabía que con él, no sería juzgado o condenado (Juan 8:10). En Jesús encontramos seguridad y confianza, no juicio y condenación. Jesús mismo no vino a juzgar al mundo sino a salvarlo. Todo lo que Jesús esperaba era arrepentimiento. Que esta sea nuestra actitud también.

2. Ser confidencial.

Si yo tuviera alguna sospecha de que la gente con la que estaba siendo transparente iba a chismear o divulgar información privada que estaba confesando, eso habría terminado la relación de inmediato. Simplemente debes ser un confidente *seguro y de confianza*. Si tú sientes que necesitas ayuda y quieres involucrar a alguien más, le debes preguntar o decir primero a la persona a la que estás ayudando. Si, en tu opinión, tu amigo está haciendo algo que le hace daño a sí mismo o a alguien más (o después de un período de tiempo simplemente no se arrepiente), entonces busca a un individuo espiritualmente maduro para obtener ayuda. Pero incluso entonces, no lo hagas sin informar primero a tu amigo lo que estás haciendo. En mi opinión, debe hacerse como *último recurso*.

3. Tener la convicción de que la homosexualidad no es el peor de todos los pecados.

Aunque a menudo ha sido tratado como tal por muchos cristianos, la Biblia no destaca la homosexualidad como un "pecado único" que Dios odia más que cualquier otro. Si bien participar activamente en la homosexualidad es claramente un pecado, para Dios no es peor que robar, ser codicioso, mentir o cualquier tipo de pecado sexual por parte de los heterosexuales (1 Corintios 6: 9-11). Todos necesitamos reconocer el hecho de que todos los cristianos tienen sus propios problemas únicos, naturalezas pecaminosas y tentaciones que tienen que superar. Muchos discípulos (independientemente de la orientación sexual) muestran sus diferentes áreas de quebrantamiento a través de la disfunción sexual. El quebrantamiento sexual no es exclusivo del homosexual o la persona con atracciones por el mismo sexo (ver 1 Corintios 5:9-13, 6:9-20, Mateo 5:27-28).

4. Entender que ser atraído por el mismo sexo no es una elección.

No es mi deseo indagar en la causalidad en este momento, ya que abordaremos si existe o no una causa genética para la homosexualidad en el próximo capítulo "Respondiendo a las preguntas más frecuentes sobre la homosexualidad". También hablo de eso en el capítulo "Ayuda Práctica para los Padres", así que ahora te pediré que me creas, un cristiano por muchos años que ha sido atraído por el mismo género desde que tengo memoria, que nunca escogí esto conscientemente, ni he conocido a alguien que lo haya hecho. Con la vergüenza, el bochorno, el aislamiento y el rechazo a menudo experimentados por aquellos que viven con esto diariamente, ¿quién diablos realmente *elegiría* esto, dada la opción? Me di cuenta de mis sentimientos homosexuales cuando llegué a la pubertad, al igual que otros se dieron cuenta de sus sentimientos heterosexuales cuando llegaron a la pubertad. No era una elección consciente; simplemente fue así. Entonces no asumas que la homosexualidad es una preferencia sexual escogida conscientemente; no lo es.

Siendo así, permíteme sugerir que cuando te comunicas con un discípulo atraído por el mismo sexo o incluso con padres de niños atraídos por el mismo sexo, se deben dar palabras de corrección y ayuda con humildad, dulzura y vacilación. Por favor, no pienses que esto es algo que alguien puede cambiar al hacer más esfuerzos. La homosexualidad es el resultado de una combinación de múltiples factores e influencias contribuyentes. Sería erróneo que alguien sugiriera que es algo que puede ser activado o desactivado a voluntad. Por favor, tampoco prometas que la curación es posible siempre que alguien tenga más fe, ora más o simplemente se arrepienta. Aunque creo que Dios es capaz de intervenir en la vida de una persona y cambiar las atracciones no deseadas del mismo género, él también elige a menudo no hacerlo, lo que está bien, porque tener una orientación heterosexual es apenas un prerrequisito para la salvación.

Me doy cuenta de que estos son temas confusos, pero anímate; cuando alguien ha tratado de ayudarme, nunca esperaba que tuviera todas las respuestas. Sólo necesitaba confiar en él y saber que yo le importaba. Ayuda a otros a regocijarse en la libertad que tienen todos los días; ya no tienen que ser esclavos de sus emociones y tentaciones; ellos tienen la libertad de elegir otro camino para sus vidas siguiendo a Jesús. Ayúdales en su caminata diaria a tener autocontrol, a orar y a ser obedientes al Señor, independientemente de lo que sus emociones, hormonas y sentimientos les estén diciendo. Ayúdalos a saber que su valor y mérito para Dios y la iglesia y para ti como amigo no se basan en sus atracciones sexuales. Ayúdalos a vivir vidas santas.

5. Tener expectativas realistas.

El cristiano con atracciones por el mismo sexo que estás tratando de ayudar será como tú. Tendrá sus días buenos y sus días malos. Habrá momentos en que será fuerte en su fe y en otros momentos será débil. Habrá momentos en los que él peca en su corazón y cede la mente a fantasías homosexuales y viejos patrones de pensamiento, e incluso es posible que actúa homosexualmente de una manera física, después de lo cual necesitará consejo espiritual y dirección cuando se arrepienta. Recuerda que si bien Jesús pudo haber quitado sus pecados, sus atracciones para el mismo género y la lucha por vivir rectamente en este mundo quebrantado y caído habrán permanecido. Eso está bien, porque la meta que Jesús tiene para él no es que viva una existencia libre de problemas y libre de tentación, sino que tenga una relación con él.

6. Enseñarle cómo debería ser una amistad sana con el mismo género.

Los hombres y mujeres que vienen de un pasado homosexual y que viven con atracciones sexuales no deseadas del mismo sexo, cuando se unen a la iglesia por primera vez, no saben cómo construir y mantener una amistad sana y no sexual con otro miembro del mismo sexo. Hablando como un hombre que ha luchado con esto mismo, puedo decirte que me resultó difícil encontrar aceptación o saber cómo relacionarme con mi propio género. En los primeros años que estuve en la iglesia en especial, a menudo me sentía aislado e inseguro alrededor de otros hombres, sintiendo que no estaba a la altura entre mis compañeros. Cuando por primera vez me hice un discípulo, realmente no sabía cómo construir una amistad fuerte, sana, pura y piadosa con otro hombre.

En el mundo de los hombres: cómo hablaban y se relacionaban y cómo se comunicaban tanto verbalmente como físicamente entre sí, era tan extraño para mí. A lo largo de los años, he tratado de adaptarme y relacionarme, pero incluso después de todo este tiempo confieso que todavía a menudo me resulta incómodo. Lo que más me ha ayudado, sin embargo, ha sido tener hombres espirituales dandome la bienvenida e incluyéndome en sus actividades y tratándome como lo harían con cualquier otro tipo, permitiéndome aprender de ellos mientras los veo interactuar con sus amigos y compañeros. Esto me ha ayudado enormemente a aprender a adaptarme y construir relaciones masculinas piadosas.

Si tú realmente puedes entender lo que he hablado en este capítulo al ser alguien que tiene un trato personal sensible y cariñoso como lo tenía Cristo, tú serás increíblemente exitoso en ayudar a estos maravillosos hombres y mujeres en tu vida. El objetivo es proporcionar un ambiente seguro, amoroso y protector para estos hijos de Dios, no un lugar de condenación. Ruego que seas como nuestro Salvador, que fue capaz de mirar por debajo de la superficie y ver a la gente que ansiaba ser liberada del pasado, a medida que creces en tus relaciones con los demás. Sólo entonces estarán más impresionados no *cómo* tú eres sino *quien* tú eres.

Recursos

1. Sy Rogers, *Lessons Learned: Insights for Redeeming the Sexual Generation, dos CDs* (Fort Lauderdale, FL: Worthy Creations, 2003).
2. Joe Dallas, *The Game Plan: The Men's 30-Day Strategy for Attaining Sexual Integrity* (Nashville, TN: Thomas Nelson Inc, 2005).

Capítulo Tres - Notas Finales

1. Alfred C. Kinsey and Wardel B. Pomeroy, *Sexual Behavior in the Human Male* (Philadelphia, PA: Saunders, 1948).

2. Un estudio más detenido de esto se discute en Judith A. Reisman y Edward W. Eichel, *Kinsey, Sex and Fraud: The Indoctrination of a People* (Lafayette, LA: Huntington House, 1990).

3. Stanton L. Jones and Mark A. Yarhouse, *Homosexuality: The Use of Scientific Research in the Church's Moral Debate* (Downers Grove, IL: InterVarsity Press, 2000), 36–37.

4. Gary Gates del Instituto Williams sobre la Ley de la Orientación Sexual y la Política Pública en la Escuela de Ley de UCLA, entrevista con Ramone Johnson, 2008, http://www.gaylife.about.com.

5. Gary J. Gates, "How Many People Are Lesbian, Gay, Bisexual and Transgender?" Abril 2011, http://williamsinstitute.law.ucla.edu/research/census-lgbt-demographics-studies/how-many-people-are-lesbian-gay-bisexual-and-transgender/.

6. "The Greatest Canadian," 2004, http://www.cbc.ca/greatest/top_ten/.

7. Ron Zima, "Salvation Army Stories and Pictures from the Maritimes" May 21, 2008, maritimesonline.blogspot.com/.

8. Ibid.

9. Ludvig van Beethoven, "Immortal Glory," in A Beethoven Reader, ed. F. V. Grunfeld (New York, NY: Columbia Masterworks, 1972), 13.

10. William Barclay, *The Gospel of Mark*, 3rd ed. (Edinburgh, Scotland: St. Andrew Press, 1953), 182–83.

11. Ibid.

Capítulo Cuatro

Ayudando a las mujeres con atracciones por el mismo sexo

Puede ser muy liberador cuando llegamos a un acuerdo con el hecho de que no tenemos que estar en control y cambiarnos a nosotros mismos; sólo necesitamos admitir que somos impotentes frente al diablo sin Dios, aceptar nuestra impotencia, tener más hambre de su Espíritu y dejar que la fuerza de Dios sea evidente en nuestras debilidades.

—Autor desconocido

Parte 1: Mi historia

que antes vivía y se identificaba como lesbiana antes de dar mi vida a Cristo, y aunque no he actuado sobre esas atracciones desde el momento de mi conversión, todavía me siento atraída por el mismo género. El objetivo de este capítulo es ayudarte a entenderme mejor. No, no me refiero a eso de manera egocéntrica o egoísta. Lo que quiero decir es "yo" como en "la mujer cristiana promedio que lucha con la atracción del mismo sexo". Quiero proporcionarte algo de comprensión y algunas de las herramientas necesarias para comunicarte eficazmente con las mujeres con las que interactúas en tu vida y ministerio que viven con esta realidad.

Tal vez tienes una hermana, madre o amiga cercana que tiene una atracción por el mismo sexo; tal vez diriges un grupo de cristianas en tu iglesia local y este tema ha surgido con bastante frecuencia pero te sientes incómoda o mal equipada para profundizar en el tema. Podría ser que tú piensas que nunca has conocido a una mujer que vive con una atracción emocional y sexual por otras mujeres (aunque dudo mucho que sería cierto). Independientemente de dónde te encuentras en relación con este tema, mi deseo más profundo es que la esperanza que obtengas de las historias de eventos de la vida real, escrituras útiles y consejos dados en este capítulo ayude a tu corazón a ser más comprensivo y compasivo hacia las mujeres que luchan con este reto pero que son plenamente capaces de vivir vidas fieles y piadosas a pesar de ello.

¡Ni modo, no ella!

Cuando Guy Hammond se dirigió a mí y me pidió que escribiera un capítulo para esta segunda edición de su libro, inmediatamente sentí una sensación de alivio. Este es un capítulo dedicado a las mujeres que viven con la atracción homosexual y aquellas lo suficientemente cerca como para sentir sus efectos. En mi opinión, este es un tema en gran parte desconocido y no tratado en la iglesia. ¿Cuántas mujeres conoces que luchan con las atracciones del mismo sexo? Probablemente estés pensando en esa prima lesbiana o amiga lejana que es un "marimacho" y tiene un corte de pelo masculino, lleva camisas sueltas y pantalones holgados. Poco sabes que hay mujeres con las que interactúas cada día que luchan de esta manera específica y parecen mujeres "normales". Yo soy una de ellas. Si tú y yo alguna vez tenemos la oportunidad de reunirnos en persona, creo que tu primera reacción sería sorpresa. "¿Morgan? ¿Ella? ¡De ninguna manera! Ella ha estado involucrada con entusiasmo en su iglesia local y en el equipo de alabanza; ella era una pasante del campus. ¡Está casada con un hombre guapo, usa vestidos y maquillaje, incluso tacones altos! ¡Ella 'parece' una mujer 'normal'! ¡Nunca lo hubiera imaginado!"

El punto de este capítulo no es probarte mi feminidad; sin embargo, siento que es necesario compartir mi testimonio con la esperanza de que tú puedas obtener una visión de la vida de una mujer, una cristiana con atracciones por el mismo sexo.

Mi testimonio

Yo soy originaria del norte de California, pero no quiero aburrirte con los detalles de la casa en la que vivía o el nombre de la calle donde vivía. Es mucho más importante decirte que yo fui criada en un hogar religioso, fui a una escuela privada luterana y tenía padres cariñosos y dos hermanos mayores responsables y motivados, todos los cuales sirvieron como modelos a seguir en mi vida. Puedo decirte positivamente que la disfunción no era algo con la cual yo estaba familiarizada, ni tampoco fue la tentación constante una batalla con la que luché conscientemente. Esto es importante para mí porque, sin el conocimiento de algunos, no todos los individuos con atracciones por el mismo género provienen de una familia quebrantada o un pasado caótico.

Los sentimientos sexuales hacia las mujeres entraron en mi vida a la edad vulnerable de doce años; sin embargo, no los identifiqué hasta que tenía catorce años. Yo estaba asistiendo a un campamento de baloncesto en una universidad local donde jugábamos con y contra los consejeros, que eran todos jugadores universitarios. Algunos de estos consejeros estaban involucrados evidentemente en las relaciones homosexuales. Aunque nunca comunicaron su orientación sexual o estilo de vida a nosotros los campistas, éramos lo suficientemente perspicaces para entender basándonos en lo que escuchábamos de sus conversaciones.

Como estudiante de secundaria, me pareció atractiva la atención que me daba una consejera femenina. Yo no era una niña que anhelaba la atención de los demás. Recibí bastante de ella en casa de mis padres y aún más por ser una atleta destacada; no sentí la necesidad de buscarla en otros lugares. Por eso me cogió desprevenida cuando sentí la necesidad de empezar a buscar la atención de mi consejera de campamento de baloncesto. Se podría pensar que como una niña de veintitrés años, ella habría pensado que era mejor mantener una relación más apropiada conmigo, absteniéndose de tener sesiones de entrenamiento privadas, sentarse conmigo en cada comida y jugar un juego de pilla-pilla abiertamente coqueta; desafortunadamente, no lo hizo. Mi curiosidad se encendió, y empecé a obsesionarme con la atención que se me había dado.

Estos sentimientos se desarrollaron más a lo largo de los dos años siguientes, pero los guardé enteramente confidenciales. Todo salió bien cuando entré en la escuela secundaria; yo tenía un gran grupo de amigas y éramos las adolescentes normales locas por los chicos; sin embargo, me encontré confundida, con los sentimientos de curiosidad sobre las mujeres todavía en el fondo de mi mente. Durante esos años, el baloncesto creció para ser el punto focal de mi vida como mi sueño para ser una jugadora colegial de departamento dictaba todas mis decisiones en mi vida. Unirse a un equipo de baloncesto fue la siguiente cosa que hacer.

De sentimientos a la actuación

Fue a esta edad de quince años, en el equipo de mi club, que mis deseos homosexuales tuvieron la oportunidad de ser actuados. Estábamos en nuestro camino a San Diego (extraño, ya que es donde vivo ahora), y desafortunadamente me dieron como compañera de cuarto a una de las entrenadoras asistentes que era una mujer de veinte años de edad que vivía como una lesbiana activa. A pesar de que fue sólo un pequeño destello de atención que me dio, aproveché la oportunidad para actuar según mis deseos. No pasó mucho tiempo después del torneo de San Diego antes de que ella y yo comenzáramos nuestra complicada relación. El segundo y tercer año de secundaria estaban llenos de abuso emocional y psicológico, ya que acordamos mantener nuestra relación en secreto. Yo estaba sola y aislada sin nadie con quien hablar. Yo estaba abrumada con inseguridad y miedo del ridículo y juicio. La relación se profundizó emocional y físicamente. La diferencia de edad, junto con su autoridad como mi entrenadora, resultó en una gran falta de límites y expectativas poco realistas, causando daños como ella mantuvo el control total de mis emociones. Durante mi último año de escuela secundaria decidió dar el título de "totalmente comprometida" a nuestra relación, como supongo que quería que yo sienta su legitimidad. Mi perspectiva de la relación se basaba en esto: iba a ser totalmente sexual (incluso sin el título), parcialmente emocional y completamente secreta. Mientras me entregaba a mis deseos pecaminosos, estaba viviendo una completa mentira en casa, manipulando a mis padres para pensar que yo estaba sinceramente siguiendo a Dios y manteniéndome pura. Tenían la impresión de que la razón por la que pasaba mucho tiempo con mi entrenadora era porque ella era mi mentora, ayudándome a obtener una beca de baloncesto.

Mi vida, una mentira

Así que esta fue la base para las relaciones que construí antes de irme a la universidad. Donde me dirigía debía ser bastante evidente para cualquiera que leyera esto, y no tomó mucho tiempo para que mi vida empezara a descender en un espiral hacia abajo. A los pocos meses de estar en la universidad, yo era una mentirosa compulsiva, una bebedora empedernida e involucrada en varios encuentros sexuales con hombres y mujeres. Mi autoestima estaba cerca de cero y yo no tenía a dónde recurrir, todo el tiempo buscando desesperadamente a alguien que me amara. Ojalá pudiera decir que este fue el momento en que encontré a Dios y él fue el que llenó mi corazón de amor verdadero, pero por desgracia, fue todo lo contrario: me encontré en una situación con una mujer que rápidamente me manipuló en otra relación controladora. En retrospectiva, esto fue cuando empecé mi vida en una mentira. Lo poco de verdad de quien yo era empezó a desaparecer lentamente. Los pequeños vistazos de (lo que yo pensaba que era) la felicidad me persuadieron a permanecer en la relación; sin embargo, la mayoría de mis emociones estaban arraigadas en confusión y desesperación.

La intervención de Dios

Mi vida tocó fondo al final de una serie de desafortunados eventos, incluyendo la mentira, el engaño, la posibilidad de que mi beca de baloncesto fuera suspendida indefinidamente, la disolución de mi relación con mis padres y un susto de una enfermedad transmitida sexualmente. Fue en este pozo que finalmente llegué a mi punto de ruptura. Una verdadera intervención de Dios me dio la fuerza y el coraje para poner fin a la relación que estaba envenenando mi vida. Fue entonces cuando empecé un lento viaje de vuelta a Dios a través del arrepentimiento, la confesión y la sanación.

Me uní a una iglesia local, la Iglesia de Cristo de San Diego, que hizo muy fácil restaurar mi relación con el Señor. Fue allí donde aprendí mi valor a los ojos de Dios y que lo que me había sucedido cuando era niña no era mi culpa; aprendí lo que significa tener relaciones saludables y no sexuales con otras mujeres.

Parte 2: ¡Auxilio! ¡Soy una mujer cristiana que tiene atracciones por el mismo sexo!

Permíteme comenzar diciendo que no tengo todas las respuestas al sinfín de preguntas complejas con respecto a la homosexualidad; sin embargo, tengo el privilegio de ayudar a dirigir un pequeño grupo de mujeres cristianas que viven con atracciones hacia el mismo género. ¿Quién mejor para pedir consejos que aquellas que están pasando por la misma cosa exactamente como yo? Sus ideas se tejen en el resto de este capítulo, y aunque sus nombres no se proporcionan, fueron lo suficientemente valientes para compartir sus historias y consejos contigo. Yo estaba absolutamente asombrada por su disposición en proporcionar orientación y asesoramiento para otras mujeres.

Lo que desearía haber conocido

Mirando hacia atrás en mi vida a las situaciones en las que he estado, lo que desearía haber conocido es que no fue mi culpa. Durante tanto tiempo luché con preguntas internas de "¿Por qué yo?" y "¿Cómo es que esto sucedió?" Y luego comencé a culpar a la gente. Finalmente una buena amiga mía me estaba preguntando mi historia y comencé a contarle todo lo que había sucedido. Ella me detuvo y me dijo: "Sabes que todo esto no fue culpa tuya, ¿verdad?" Y me eché a llorar. Nunca consideré el hecho de que no fue mi culpa. Y tampoco es tu culpa.

Dicho esto, somos responsables de las malas decisiones que hemos tomado en nuestras vidas y las consecuencias que siguen. Como Guy Hammond ha señalado más de un par de veces en este libro, hay muchas influencias contribuyentes que determinan lo que nos atraen. ¿Por qué nos sentimos atraídos por el mismo género? Nadie puede decir con certeza, pero esto podemos saber con seguridad: sería demasiado simplista pensar que tienes una atracción por el mismo sexo por algo que hiciste o no hiciste; en este sentido, tener atracciones homosexuales no es tu culpa.

Para aquellos de ustedes que lean esto que conocen personalmente los retos de tener atracciones por el mismo género, espero que a través de esta sección del capítulo, encuentren consuelo y comprensión en los ejemplos y escrituras dadas y las historias contadas. ¡No estás solo en tu lucha! Para aquellos de ustedes que tienen atracciones heterosexuales, mi objetivo es ofrecer una educación en las siguientes páginas que les ayudará a comprender mejor estas realidades complejas.

Iniciando límites fuertes

Después de haber trabajado con muchas mujeres durante el último año y medio, he notado algunos puntos en común en nuestras luchas, y las mismas cosas podrían ser verdad para ti. Aquí hay algunos ejemplos de mi vida y de algunas mujeres de nuestro grupo de apoyo:

1. No establecer límites emocionales saludables con las mujeres
2. Fantasías contempladas de lo que sería tener una relación homosexual
3. Ser insegura de nuestra feminidad
4. Temor de juicio al compartir nuestra lucha

5. Tener dificultad para encontrar la ayuda de cristianas maduras en nuestra lucha diaria

Quiero tomar un momento para explorar una de estas luchas en profundidad: cómo crear relaciones emocionales saludables con las mujeres. Sabemos que debemos tener amistades sanas y no sexuales con otras mujeres, pero ¿cómo hacemos que eso suceda? ¿Con qué límites debemos vivir para tener éxito?

Como mujeres, por lo general somos más emocionales que los hombres. ¡Dios nos creó de esta manera! Debemos regocijarnos en esas emociones. Sin embargo, las emociones en una mujer fueron creadas para equilibrar la lógica del cerebro de un hombre. Por lo tanto, cuando se juntan dos mujeres, las emociones pueden complicarse.

Como una mujer que está atraída por el mismo sexo, te animo a examinar las relaciones en tu vida para ver si tus límites físicos y emocionales con otras mujeres se encuentran en lugares saludables o no saludables. Lo que solemos hacer como mujeres que se sienten atraídas por el mismo género es cerrar nuestros corazones por temor a pasar por alto la línea con nuestras amigas. Pero eso significa que podemos llegar a ser invulnerables y frías, lo que puede llevar después de un tiempo a tener una hambruna tan fuerte para tener una conexión con alguien que sobrecompensamos y terminamos cruzando fronteras emocionales o físicas con otras mujeres. Entonces nos sentimos culpables por cruzar esos límites, así que nos retiramos y nos cerramos, invulnerables y frías una vez más, el ciclo es perpetuo. Vamos a explorar los dos extremos de este péndulo.

Tu puedes estar pensando, "¿Qué hay de malo en ser demasiado cerrada, invulnerable y fría?" Bueno, algunas cosas pueden suceder cuando establecemos este tipo de límite malsano:

1. No confesamos nuestros pecados. La confesión continua es vital para nuestra salud cristiana. Nos permite sacar toda la basura que se ha acumulado en nuestros corazones. También nos permite la oportunidad de aceptar el perdón de Dios. Lo más importante es que Jesús nos llama a hacerlo, como está claro en 1 Juan 1: 9: "Si confesamos nuestros pecados, Dios, que es fiel y justo, nos los perdonará y nos limpiará de toda maldad".

2. No construimos relaciones sanas. Nos aislamos y creamos una di-

visión entre nosotros y los que nos rodean. La Biblia habla de la importancia de la amistad en Eclesiastés 4:12: "Uno solo puede ser vencido, pero dos pueden resistir.¡La cuerda de tres hilos no se rompe fácilmente!" Todos necesitamos personas en nuestras vidas.

3. Nos volvemos solitarias. La soledad es una de las herramientas favoritas de Satanás. Quiere que sintamos que no hay nadie con quien hablar y nadie que se preocupe. Él nos alimenta de mentiras que nos dicen que para otra persona no vale la pena proporcionarnos tiempo y no hay nadie que entienda.

4. Vamos al extremo opuesto y no menos dañino en las relaciones, permitiéndonos cruzar los límites emocionales con las mujeres que están en nuestras vidas.

5. A menudo nos sentimos frustradas por la falta de compromiso de nuestras amigas o las mujeres que nos guían.

6. Tenemos los sentimientos heridos cuando otras mujeres no toman tiempo para conocernos en un nivel más profundo o emocional.

7. Podemos elegir una mujer con la que queremos pasar el tiempo, en perjuicio de la construcción de otras relaciones cercanas.

Considera cuidadosamente si ves cualquiera de estas cosas en tu vida, ya que pueden ser indicadores de la búsqueda de la seguridad y la conexión emocional en los lugares equivocados. A medida que tomas algún tiempo para evaluar dónde están tus límites, quiero proporcionarte algunas prácticas para crear límites saludables:

1. Ve primero a Dios, con las cosas buenas y con las cosas malas. Siempre debe ser nuestro primer punto de contacto. Con demasiada frecuencia, las mujeres atraídas por el mismo sexo caen en el hábito de acudir primero a otras mujeres para recibir ayuda, orientación y consuelo. Nuestra paz, fuerza y seguridad deben venir de Dios y de él solo. Él quiere regocijarse cuando te regocijas y lamentarse cuando te lamentas. Sobre todo, quiere llevar tu carga (Mateo 11:28).

2. Una vez que hemos ido a Dios y buscado su consuelo, guía y voluntad, entonces necesitamos asegurarnos de que otras personas también estén involucradas. Dios deja en claro que

necesitamos otras personas en nuestras vidas, pero que no están destinadas a tomar su lugar. Creo que debe haber por lo menos dos o tres mujeres respetadas, espirituales y sabias en tu congregación local a las que tú confías para ser cariñosas y confidenciales y que saben completamente de tu lucha con las atracciones hacia el mismo género.

3. ¡Examina! La vida de un cristiano es una vida examinada. Examina con juicio sobrio (Romanos 12:3) tus desencadenantes y establece límites apropiados; por ejemplo, ¿hay ciertos tipos de mujeres a las que más te atraen que otras? Si es así, tal vez necesitas ser muy cuidadosa en torno a esos tipos de mujeres. Examina tus motivos en amistades; por ejemplo, ¿por qué vas a ciertas personas para que te aconsejen; ¿Por qué estás construyendo una amistad con esa mujer? ¿Es porque crees que el Espíritu te está guiando hacia ese fin? ¿Sientes que es mejor para ambas y para la relación de cada una con Dios? ¿O es porque, después de una evaluación honesta, te sientes algo atraída por ella, ya sea física o emocionalmente? Necesitamos examinar constantemente nuestras vidas y asegurarnos de que estamos golpeando nuestros cuerpos, mentes y corazones y haciéndolos esclavos de la justicia (1 Corintios 9:27, Romanos 6:18).

Escrituras que pueden ayudarte a luchar contra la tentación homoerótica

Los pasajes más a menudo mencionados para mostrar que la homosexualidad no es una parte del plan de Dios para la sexualidad humana (Levítico 18:22, Levítico 20:13, Romanos 1:26-27, 1 Corintios 6:9-10 y 1 Timoteo 1:9-10) son claros y directos. Los defensores de la homosexualidad y los medios de comunicación (a menudo lo mismo) tienden a usar estos pasajes de una manera despectiva, condenándolos una y otra vez, tratando de probar que Dios es desamoroso e indiferente o, al menos, alejado de la cultura moderna de hoy; un supuesto con el que sinceramente no estoy de acuerdo. Lo que no he oído en igual proporción son las Escrituras que muestran cuán amable y amoroso es el Padre, pasajes que ayudan y alientan a las mujeres que luchan la batalla de la pureza y la justicia piadosas todos los días.

Quería dedicar una porción de este capítulo a las Escrituras para ti, la mujer cristiana atraída por el mismo sexo, con la esperanza de que puedas encontrar consuelo y orientación de parte de Dios. A continuación se enumeran algunas escrituras a las que me aferro en mi lucha contra la atracción homosexual. Encuentro el mayor consuelo de las palabras de Dios porque ahí es de donde la verdadera curación vino hacia mí.

> ¡No se dejen engañar! Ni los fornicarios, ni los idólatras, ni los adúlteros, ni los sodomitas, ni los pervertidos sexuales, ni los ladrones, ni los avaros, ni los borrachos, ni los calumniadores, ni los estafadores heredarán el reino de Dios. Y eso eran algunos de ustedes. Pero ya han sido lavados, ya han sido santificados, ya han sido justificados en el nombre del Señor Jesucristo y por el Espíritu de nuestro Dios.
>
> 1 Corintios 9b-11

Tengo que ser honesta contigo: cuando vi este pasaje por primera vez tuve dificultades para aceptar lo que estaba diciendo: ¿los homosexuales no entrarán en el reino de Dios? Pero participé en actos homosexuales; ¿Significa eso que no voy al cielo? Hay un puñado de gente que se detendrá en el versículo 10. Se peleará sobre cómo esta escritura en particular señala la condena de los homosexuales; sin embargo, quiero tomar un momento y mirar los versículos 9 y 10 un poco más cuidadosamente. Este escritor, que fue inspirado por Dios, también enumera muchos otros pecados: los sexualmente inmorales, los idólatras, los adúlteros, los ladrones, los avaros, los borrachos, los calumniadores y los estafadores. Estos pecados se enumeran juntos en una oración con la homosexualidad. ¿Por qué se elige la homosexualidad de esta escritura y se ridiculiza?

Comparto esto contigo porque hice justamente lo mismo. Me centré en un pecado de la lista y me enfoqué en cómo los homosexuales no heredarán el reino de Dios, y me avergoncé de mí mismo. Sólo necesitaba seguir leyendo. En mi opinión, Dios enumera estos pecados juntos porque no importa lo que has hecho o de dónde vienes, todos somos pecadores. Todos estamos privados de la gloria de Dios (Romanos 3:23).

Si miramos más allá de los versículos 9 y 10, encontramos la verdadera belleza de este pasaje: "ya han sido lavados, ya han sido santificados, ya han sido justificados en el nombre del Señor Jesucristo". El diccionario define "santificar" como "hacer algo santo". Eso significa que, aunque soy una miserable pecadora, he sido santificada a los ojos de Dios por medio de Jesucristo. Esta escritura me ha dado esperanza; ya no tengo que avergonzarme por los actos pecaminosos que cometí: homosexualidad, mentira, engaño, borrachera (la lista podría continuar). Gracias a Dios que podemos vivir con la paz y el conocimiento de que hemos sido santificados, no importa cuál sea nuestro pasado.

> ...para que vivan de manera digna del Señor, agradándole en todo. Esto implica dar fruto en toda buena obra, crecer en el conocimiento de Dios y *ser fortalecidos en todo sentido con su glorioso poder.* Así perseverarán con paciencia en toda situación. (Colosenses 1:10–11 énfasis añadido)

¡El aumento de intensidad de este verso se siente tan poderoso! Cuando leí esto por primera vez, llegué a la palabra "grande" y sentí que estaba en la cima de una montaña rusa escritural. Yo esperaba que la siguiente palabra fuera algo emocionante y contundente como "¡VICTO-RIA!" Quería sentirme con poder de que Dios me estaba fortaleciendo "en todo sentido con su glorioso poder" para prepararme para ... el triunfo! Pero, para mi disgusto, las siguientes palabras fueron "paciencia en toda situación". No puedo decir que estaba emocionada de saber que estoy siendo fortalecida con el poder de Dios y su fuerza gloriosa para poder so-portar esta lucha de atracción por el mismo sexo por mi tiempo restante en la tierra mientras me mantengo paciente en el proceso de sanación de Dios. Me encanta cómo Dios hace todo lo contrario de lo que a veces pienso que debe hacer, y me siento humilde de que no siempre quiera que yo pelee esta batalla de frente con armas de fuego y fuerza adicional – a veces quiere que irradie la fuerza en la debilidad al rendirme y soportar con paciencia lo que su voluntad es para mí. Nuestras vidas como mujeres con atracciones hacia el mismo género son una batalla constante por la paciencia, la humildad y la entrega.

> "Sin embargo, les daré salud y los curaré; los sanaré y haré que disfruten de abundante paz y seguridad. Cambiaré la suerte de Judá y de Israel, y los reconstruiré como al principio. Los pu-rificaré de todas las iniquidades que cometieron contra mí; les perdonaré todos los pecados con que se rebelaron contra mí. Je-rusalén será para mí motivo de gozo, y de alabanza y de gloria a

la vista de todas las naciones de la tierra. Se enterarán de todo el bien que yo le hago, y temerán y temblarán por todo el bienestar y toda la paz que yo le ofrezco".

Jeremías 33:6–9

La curación es una de las cosas más complicadas para mi cerebro para entender. Soy una persona orientada a solucionar los problemas. Si tengo un problema, encontraré una solución. Sin embargo, cuando se trata de la curación, ser orientada a solucionar los problemas no es ideal, ¡porque quiero que se arregle ahora! Antes de convertirme en cristiana, traté de ocultar mis heridas sin curar y mis cicatrices con arreglos rápidos como el alcohol, las drogas, los encuentros sexuales impulsivos y las mentiras. No quería enfrentarme al hecho de que estaba rota.

La verdad es que nada iba a sanar mi vida excepto Dios. En la escritura de arriba Dios dice: "Les daré salud y los curaré; los sanaré y haré que disfruten de abundante paz y seguridad". Dios no sólo quiere que yo tenga curación completa, ¡él quiere que disfrute de paz y seguridad! Lo que más recuerdo de mi estilo de vida homosexual fue que la paz no era parte de ella. Yo estaba constantemente preocupada por mi auto-imagen, la posibilidad de que mi secreto se revele y, en última instancia, el juicio de mis amigos y familiares si se enteraran de quién era yo realmente.

La escritura continúa con Dios expresando cómo él traerá a Judá e Israel de vuelta del cautiverio y los reconstruirá como ellos fueron una vez, limpiándolos del pecado y perdonándoles de su rebelión contra el Señor. ¿Alguna vez te has sentido como una ciudad que ha sido completamente destruida? Tus paredes de integridad, voz de confianza, ojos de honor ... todos derrumbados al suelo? Bueno, yo sí. Me sentía como una ciudad que había sido emboscada y era incapaz de ser reconstruida. Fue esta escritura que me dijo que yo estaba incorrecta. El Señor dice que él me reconstruirá como lo fui una vez: su hija, una creación hermosa, intachable ante sus ojos. No sólo me reconstruirá, sino que le traeré alegría, honor y renombre. Ya no tengo que temer de avergonzar a Dios, porque no es así como me ve.

¿Qué fruto cosechaban entonces? ¡Cosas que ahora los avergüenzan y que conducen a la muerte! Pero ahora que han sido liberados del pecado y se han puesto al servicio de Dios, cosechan la santidad que conduce a la vida eterna. Porque la paga del pecado es muerte, mientras que la dádiva de Dios es vida eterna en Cristo Jesús, nuestro Señor.

Romanos 6:21–23

Esos arreglos temporales que buscamos en comodidades inmediatas: drogas, demasiada comida, masturbación, demasiada televisión, promiscuidad, alcohol, actividad homosexual, juegos de azar, cantidades abundantes de sueño, chismes, pereza, fantasía erótica, una actitud crítica y todo lo demás - ¡Dios dice que estas cosas resultan en la muerte! Luego nos recuerda que hemos sido liberados de estas cosas vergonzosas y que hemos recibido libertad en él. Ahora que hemos escogido ser esclavos de Dios y hemos entregado nuestra voluntad a su voluntad, podemos encontrar consuelo en el hecho de que vamos a cosechar la santidad en esta vida, dando como resultado la vida eterna con nuestro Salvador.

Parte 3: A los amigos, familiares y mentores espirituales

Como se mencionó en la introducción anterior, espero que este capítulo te proporcione la comprensión y las herramientas necesarias para comunicarte eficazmente con las mujeres que se encuentran en tu vida y ministerio que luchan de esta manera. Mi deseo y esperanza más profunda es que, a partir de mi historia de los acontecimientos de la vida real, de las escrituras y de la perspectiva dada en este capítulo, obtengas una actitud de compasión sincera hacia las mujeres que viven con la realidad de las atracciones homosexuales y sin embargo están viviendo vidas fieles y piadosas, y que ofrezcas esperanza a las mujeres atraídas por el mismo género que desean una relación con Dios y les ayudes a tener éxito en vivir una vida rendida a él.

Lo que debes saber sobre una mujer que es atraída por el mismo sexo

¿No sería fácil si hubiera "una respuesta para todas" cuando se trata de este tema? Sería causa de conversaciones menos incómodas, respuestas más fáciles de "cómo hacerlo", y un programa de diez pasos para que "no sea gay". ¡Oh, cómo desearíamos que fuera así de simple! Desafortunadamente, es mucho más complicado que eso.

83

Como una mujer que comparte personalmente esta área de debilidad, deseo que la familia, los amigos y los mentores espirituales estén mejor educados en cómo comunicarse cuando se trata de discutir este tema complejo. Después de mucha reflexión y aportaciones de las mujeres con atracciones por el mismo sexo del grupo de apoyo, he elaborado una lista de cosas que debes saber sobre las mujeres que se sienten atraídas por otras mujeres:

1. No todos nos sentimos como si hubiéramos nacido de esta manera, ni necesariamente decidimos convertirnos en alguien con atracciones por el mismo sexo por nuestra propia elección. Por lo general (no siempre) una deficiencia emocional que se ha desarrollado a través de nuestras experiencias infantiles con otros (principalmente con los padres o compañeros) que nos ha llevado a donde estamos hoy en busca de la afirmación emocional y física en otras mujeres.

2. Todas luchan de diferentes maneras. Todas tenemos desencadenantes, pruebas y orígenes diferentes. No hagas "declaraciones generales" acerca de nosotras.

3. La feminidad es algo que todas estamos tratando de entender. Puede ser algo con la que no estamos familiarizadas. La realidad nos dice lo suficiente de lo que deberíamos ser o cómo deberíamos parecer. Necesitamos aliento y amor incondicional de nuestros hermanos y hermanas en la fe, no más confirmaciones de la insuficiencia que ya sentimos en esta área. La mayoría de las veces, las frases que más dañan con respecto a nuestra feminidad son: "¡Eres como uno de los chicos!"; -¿Por qué no quieres usar un vestido y tacones altos? ¿Eres gay o algo así? "; y "Todas las mujeres usan maquillaje y vestidos; ¿Por qué no tú?" Comentarios como estos refuerzan la percepción de que no encajamos en el estándar "típico" de la feminidad.

4. Tendemos a tener problemas significativos con la confianza y la vulnerabilidad, que suelen dar lugar a una pared bastante gruesa alrededor de nuestros corazones, una pared de miedo. Queremos subir por encima de ella, romper a través de ella y llegar a nuestros corazones, sólo estamos asustadas.

La manera más eficiente de ayudar en esta área de nuestras vidas es construir confianza. Construir confianza proviene de mantener la confidencialidad, orar juntas y no huir de conversaciones incómodas. En la mayoría de los casos, cuando amigos o familiares oyen que luchamos en esta área, las cosas se ponen raras. Lo entendemos, ¡es incómodo hablar de ello! Sin embargo, tú puedes obtener mucha confianza y alcanzar una relación vulnerable cuando la coherencia (incluso a través de las conversaciones difíciles) y la confianza se establecen.

5. Somos sensibles, también. Los "chistes gay" o el humor puntiagudo sobre la homosexualidad pueden ser ofensivos y en última instancia disuadirnos de querer compartir nuestra vida y luchas contigo.

6. Puede ser que esta lucha nunca nos deje. No sólo tenemos que luchar activamente para negarnos a nosotras mismas en nuestras atracciones del mismo sexo, también tenemos que llegar a un acuerdo con la realidad muy posible que podemos tener estos deseos homoeróticos para el resto de nuestras vidas terrenales. Con demasiada frecuencia, los mentores espirituales que ayudan a una mujer a través de sus luchas de atracción por el mismo sexo tienen la expectativa latente de que un día esta hermana "superará" y ya no luchará de la misma manera, pero puede que no sea así. Como mentor espiritual, tienes que reconciliarte con esa comprensión antes de que puedas ayudar a tu hermana a reconciliarse con esta misma comprensión.

¿Qué puede ser útil de la familia, amigos y mentores espirituales?

Ahora que hemos descubierto algunos puntos clave sobre las mujeres que se sienten atraídas por el mismo género, vamos a discutir cómo manejar estas delicadas situaciones. Por ejemplo, ¿qué le dices a una amiga íntima que te confiesa su atracción por una mejor amiga femenina? ¿Cómo manejas la situación de un miembro de la familia que te dice que ha estado ocultando sus "verdaderos" sentimientos y que ha estado actuando secretamente durante años? ¿O posiblemente la situación de una adolescente que está en tu ministerio adolescente en la iglesia y tiene amigas en la escuela que están "experimentando con la homosexualidad" y le han preguntado si ella quiere unirse? Todas estas son situaciones relevantes en nuestra sociedad de hoy, y mi objetivo es prepararte adecuadamente, no con la respuesta exacta, sino con prácticas que emanan amor y aceptación con humildad y obediencia a la palabra de Dios.

Escucha. Quienquiera que vaya a hablar contigo, te ha encontrado una confiable destinataria de su secreto vergonzoso. Te has convertido en un lugar seguro para ella. No sé si puedes identificarte con eso, pero ¿alguna vez has tenido algo de lo que te avergonzaste tanto que no podías soportar la idea de decírselo a nadie? Tal vez sea una adicción a la pornografía o la masturbación, o un problema de juego excesivo; todos tenemos nuestro vergonzoso pecado con el cual Satanás nos ha atormentado y nos agobia. Si una hermana te ha encontrado como oyente digna de confianza, por favor escúchala. No la calles con "Qué asco," "¿Luchas con eso?" o "No me digas … ¿te gusto?" Podrías haberte reído al leer esas respuestas, pero lo triste es que en realidad hemos escuchado aquellas. Lo primero y lo más importante es escuchar.

Ama. Después de que la hermana te haya contado su historia, ¡haz preguntas! Mostrar amor a alguien significa mostrarle que estás en la batalla con ella. Es fácil escuchar e irte con pensamientos de "Bueno, gracias a Dios no tengo que lidiar con este asunto" o "Alguien más puede ayudarla", y echar tierra sobre el asunto. La parte desafiante es soportar la una con la otra con amor. Si tienes el coraje de hacer las preguntas difíciles, no necesitas tener todas las respuestas. Este es un extracto de una de nuestras miembros del grupo de apoyo con respecto a las preguntas que se hacen:

> ¡Me encanta que la gente me haga preguntas después de haber compartido mi lucha de atracción del mismo sexo! Es muy incómodo cuando no dice nada o ya no lo reconoce nuevamente. Creo que está tratando de ser atenta por no presionar, pero me hace insegura. Las preguntas me transmiten que escuchó lo que dije y aunque no lo entiende completamente, quiere entenderlo desde mi perspectiva. También, muchas veces cuando comparto mi lucha contra la atracción por el mismo sexo, es la "versión breve" para probar las aguas para medir su nivel de comodidad con ella

- siempre hay más en la historia; sólo estoy esperando a que me dé luz verde para seguir compartiendo, ¡y no tiene que ser en el momento, tampoco! Si compartía con alguien y sólo escuchaba y luego volvía unos días más tarde y decía: "He estado pensando y orando acerca de lo que me compartiste y tengo algunas preguntas", me animaría mucho que haya tomado el tiempo para orar por mí y que quiere tomar el tiempo y la energía para entender.

También puedes mostrar amor a una mujer que lucha con la atracción por el mismo sexo ayudándole a crear límites saludables. Enséñale a tener relaciones sanas y comunicativas con otras mujeres sin cruzar los límites emocionales. Es cierto que puede ser incómodo al principio, pero ¿cuándo el cristianismo ha sido cómodo?

Entiende. Tener atracciones homosexuales no es lo único con lo que luchamos. La mayoría de las mujeres cristianas que son atraídas por el mismo sexo también lucharán con el orgullo, los celos, la mentira, la codicia y aun más. Toma un interés en otras áreas de nuestras vidas, no sólo en esta área en particular.

Usa afirmaciones como "Todavía te quiero y no te veo de manera diferente. Aunque no tengo conocimiento en esta área, me encantaría aprender a ayudarte de la mejor manera posible." Palabras como estas transmiten un mensaje positivo de comprensión y compasión.

La mejor manera de entender y no juzgar es que personalmente permanezcas rota ante Dios. Si estás sorprendida o asqueada por la confesión de alguien de las atracciones del mismo sexo o la homosexualidad, toma un momento para reflexionar sobre las transgresiones que has cometido contra nuestro Señor y luego revisa lo que se confesó con un corazón quebrantado y arrepentido; esto ayuda a mantener las cosas en una perspectiva piadosa, en lugar de verlas a través de un objetivo terrenal.

Mantén la confidencialidad. Como se mencionó en "Escucha", ¡tú eres una fuente de confianza! No utilices la información que se te proporciona como iniciador de conversaciones. Todo lo contrario: debes proporcionar tranquilidad continua en total confidencialidad a menos que la hermana te haya dicho lo contrario. "Soltar la lengua" con este tipo de información puede ser muy perjudicial. De hecho, incluso diría que no debemos pedir consejo a otra persona sin el permiso de la hermana; aún mejor, lleva a la hermana contigo cuando se le pide consejo para que la información sea más precisa.

Ora. Ora por la hermana que acaba de abrirte su corazón. Esa es la cosa más poderosa que puedes hacer. Tal vez sientas que no escuchaste, no tenías amor y dijiste enteramente lo incorrecto. Puede ser cierto; sin embargo, Dios es más grande que tus fallas. Ora por tu hermana que está en la batalla con la atracción del mismo sexo.

En contraste, ¿qué no es útil para la familia, los amigos y los mentores espirituales? No quiero enfocarme mucho en esta sección del capítulo; sin embargo, creo que es necesario señalar algunas respuestas comunes a este tema, jerga que deberías evitar:

"Mi prima es gay!" "Mi hermana es gay!" "¡La sobrina de mi tío abuelo es una lesbiana!" Conocer a alguien que vive un estilo de vida gay activo es muy diferente de ser un cristiano que está luchando contra la tentación de la atracción por el mismo sexo. La mayoría de las personas se sienten incómodas cuando alguien les dice que son atraídas por el mismo sexo. Entiendo; es probablemente extremadamente incómodo. Pero en vez de intentar ser creíble con comentarios tales como los de arriba, escucha y haz preguntas sobre la persona que ha confiado en ti.

"¿Qué te hizo de esta manera?" ¡Escucha, todos nacimos en un mundo roto! En cuanto a lo que "me hizo" atraída por el mismo sexo, bueno, nadie está seguro. ¡Es complicado! La ciencia aún tiene que demostrar un vínculo genético definitivo, y la Biblia no habla de causa. Quizás nunca tenga esa respuesta. Pero, ¿no vivimos todos con temas que nos han acosado toda nuestra vida? Ya sea nuestra ira, una tendencia hacia el alcoholismo o una personalidad adictiva, todos estamos rotos. ¿Cuánto de esto es naturaleza y cuánto nuestra crianza? ¡Quién sabe! Tal vez hubo factores en nuestras vidas que contribuyeron a esto y tal vez no hubo - no hay calificaciones absolutas para alguien que lucha con atracciones por el mismo sexo o ha luchado con la homosexualidad.

"¡Sólo ora acerca del asunto!"; "¡Se fiel!"; "¡Confía en Dios!" Todas estas cosas son geniales, y, por supuesto, la verdad. Pero esta respuesta viene de la suposición de que esta mujer ya no está haciendo estas cosas, lo que transmite la creencia de que no es espiritual, lo cual no suele ser el caso si confiesa algo que es tan difícil de confesar. Cuando estas prescripciones no están acopladas con la verdadera escucha, comprensión, empatía y amor incondicional, pueden llegar a ser palabras vacías. No es totalmente necesario que digas nada cuando una hermana confiesa esta lucha a ti excepto "te quiero y estoy aquí para ayudarte". A veces, cuando las mujeres con atracciones por el mismo sexo confían en otras cristianas sobre esta área de debilidad, la oyente está demasiado sorprendida o está tratando de expresar que no está sorprendida, de modo que se sobrecompensa respondiendo con un mensaje edificante, positivo y esperanzador, que no es necesario en absoluto. Preferimos mucho que alguien responda con: "¡Qué bueno, gracias por confiar en mí! Comprendo perfectamente que no entiendo nada, cuéntame más."

Parte 4: Finalmente...

Si lees este capítulo con la esperanza de recibir una "solución" concreta en relación con la atracción del mismo sexo, ya sea en tu vida o en la de un ser querido, lamento informarte que no funcionará. Al igual que Dios no tiene un índice de respuestas, intervenciones y milagros que podemos referenciar durante nuestra vida, de igual manera no podemos tener una guía ilustrada de cómo hacer frente a cada caso de atracción por el mismo sexo. Espero que este capítulo ayude a prepararte a tener la respuesta de espíritu abierto, con amor incondicional y dirigida por el Espíritu, que deberíamos adoptar cuando nos acercamos a la atracción femenina del mismo sexo.

Recursos

1. Janette Howard, *Out of Egypt: One Woman's Journey Out of Lesbianism* (Howard Books, 2001).
2. Janelle Hallman, *The Heart of Female Same-Sex Attraction: A Comprehensive Counseling Resource* (Downers Grove, IL: Inter-Varsity Press, 2008).

Capítulo Cinco

Ayuda práctica para los esposos y esposas

Un matrimonio exitoso requiere enamorarse muchas veces,
siempre con la misma persona.
—Mignon McLaughlin, Periodista estadounidense

Experimenté un milagro. Era el 23 de febrero de 1991, apenas un
día normal y cualquiera en Toronto, Canadá. Hacía frío, aunque sorprendentemente más cálido de lo habitual por una tarde a mediados de febrero. Más allá de ese pequeño hecho, sin embargo, si pudieras preguntar
a los aproximadamente tres millones de habitantes que vivían en esa ciudad en ese momento, si algo les llamaba la atención ese día, la mayoría
probablemente diría que no. La mayoría en la ciudad no era consciente
de ello, pero a las dos de la tarde esa tarde, un milagro ocurrió. El acontecimiento extraordinario fue observado por cerca de cien personas en mi
estimación, y para la mayoría de los reunidos, supongo que incluso ellos
no apreciaron plenamente el significado del momento - a menudo lo que
ocurre cuando se realiza un milagro. Pero yo lo sabía.

Estaba muy claro para mí que en nuestra presencia, Dios estaba
realizando un milagro, algo completamente fuera de lo común, algo tan
único que sólo su bendición lo haría funcionar. El milagro fue el matrimonio de Guy Hammond, un hombre que había vivido una vida activa gay
durante años y que seguía siendo atraído por el mismo género, con Cathy
Hamilton, una hermosa, maravillosa, espiritual y sorprendente mujer con

atracciones heterosexuales. Había habido un tiempo en mi vida en que nunca, nunca, nunca pensé que era posible que estuviera casado con una mujer - mucho menos con éxito y felizmente - nunca. Sin embargo, Cathy y yo hemos estado casados desde 1991, y lo he hecho bastante bien en esta área, teniendo en cuenta las circunstancias, ¡si me permites que yo mismo te lo diga!

No es que Cathy y yo no hemos tenido nuestros desafíos, y ciertamente no he sido el marido perfecto. Nos amamos más allá de las palabras, tenemos una relación física frecuente y saludable y disfrutamos pasar tiempo juntos. Compartir nuestras vidas nos ha hecho tan increíblemente felices que es fácil ver el amor y la sabiduría de Dios al unirnos de esta manera. Si le preguntara a mi esposa si en este matrimonio se siente amada, especial y cuidada, respondería "¡Sí!" de manera entusiasta. Si le preguntara si tenía algún remordimiento por casarse con un hombre con atracciones por el mismo sexo, estoy seguro de que respondería "¡No!" con firmeza (Lo sé porque le pregunté justo antes de escribir este capítulo).

¡Bienvenido al club!

Si tú te casaste con alguien con una atracción por el mismo sexo, permíteme darte la bienvenida a la escuela de aprendizaje de Dios. Esta es una oportunidad asombrosa que tienes para crecer en tu fe. Qué increíble oportunidad que Dios te ha dado para imitar su corazón de compasión, sensibilidad y amor incondicional. He sido el beneficiario de la fe en acción de mi esposa a través de los años, y me ha motivado a negarme a mi mismo y amar y apreciar la gracia de Dios en mi vida.

Ciertamente, me doy cuenta de que esto no es una parte del plan de estudios espirituales ni del plan de estudios matrimoniales que pensabas que tendrías que tomar. No es un curso que alguna vez pensaste que tendrías que estudiar y pasar, y sin embargo aquí estás. Tal vez estás en una situación en la que tuviste la suerte de que tu cónyuge te reveló respetuosamente sus atracciones homosexuales y posibles actividades homosexuales antes del matrimonio, dándote el tiempo necesario para pensar, orar, buscar consejo y tomar las decisiones apropiadas antes de caminar por el pasillo (una mejor opción, de lejos). O tal vez esta noticia explosiva se descubrió o se te confesó una vez que ya estaban casados (no la opción ideal, pero no tiene que ser un elemento de cambio tampoco).

Sea cual sea el caso, tengo algunas noticias muy alentadoras para ti: tú puedes absolutamente vivir en un feliz, exitoso y fiel matrimonio cristiano, a pesar de que la orientación sexual de uno de ustedes es hacia el mismo género. Quiero que sepas que tener un cónyuge atraído por el mismo sexo no es una maldición para la unión matrimonial. Es cierto que trae sus matices e inconvenientes únicos, pero puedes manejar a través de ellos fiel y amorosamente, siempre que se centre en Dios y en los principios bíblicos que nos ha proporcionado, y eso es lo que este capítulo te puede ofrecer. Por lo tanto, donde quiera que estés en tu relación con una pareja atraída por el mismo sexo, espero que lo siguiente sea de algún valor para ti.

Si estás saliendo con alguien y estás listo para adelantar la relación

"Estoy a punto de comprometerme. ¿Debo decirle a mi novia / novio que tengo una atracción por el mismo sexo?"

Me preguntan esto mucho, así que permíteme comenzar con dirigirme a aquellos que están considerando la idea de adelantar su relación del estado de "citas" al "compromiso". Sólo hay una respuesta a esta pregunta y es absolutamente, inequívocamente, definitivamente y explícitamente: "¡SÍ!" No puedo imaginar un escenario en el que no se considere sabio revelar esta información a la persona a la que estás a punto de pedirle para pasar el resto de tus días terrenales contigo. He aconsejado parejas donde esto no se hizo. Confía en mí, esconder tus atracciones por el mismo género de tu futuro/a esposo/a sólo atraerá daño, confusión y un profundo sentido de traición cuando finalmente se descubre - y lo más probable es que se va a enterar algún día. No vale la pena, y no es justo. No estoy sugiriendo que hagas esto en una nueva relación de noviazgo, más bien si estás seguro de que estás listo para llevar las cosas a un nuevo nivel. En otras palabras, si estás a punto de ir de compras para un anillo.

Nunca olvidaré cuando le di la noticia a Cathy. Habíamos estado saliendo por bastante tiempo, y estaba claro para ambos que nos amábamos profundamente y no podíamos imaginar estar con nadie más. Obviamente me sentí boquiabierto a esta realidad e increíblemente agradecido a Dios por permitir que esta nueva evolución altamente improbable sucediera en mi vida.

Por supuesto, también sabía que si de verdad me pusiera de rodilla para proponerle matrimonio, ella tendría que saber que yo había estado involucrado en la homosexualidad en un momento diferente de mi vida y que seguía siendo atraído por el mismo sexo. Admito que estaba aterrado de tener esta charla. Tener atracciones homosexuales era muy embarazoso para mí y sentí un poco de vergüenza acerca de mi orientación sexual y también la vergüenza de toda la actividad homosexual en la que había participado antes de convertirme en un discípulo. También estaba abierto al hecho de que tal vez no quisiera casarse conmigo después de haber recibido esta nueva información, y tuve que estar bien con eso; era un costo que ella tendría que contar. Estar casada con un hombre con atracciones homosexuales podría presentar varios problemas únicos en su vida, y tal vez ella no estuviera preparada para eso.

Obviamente oré fervorosamente antes de hablar con ella, pidiendo a Dios que me ayudara a confiar en su voluntad en este asunto, dando a Cathy la libertad de elegir cómo quería vivir su vida. Luego le pregunté a un esposo y esposa en nuestra iglesia que habían sido amigos de largo tiempo y consejeros espirituales de confianza para sentarse con nosotros mientras yo soltaba la lengua. Quería asegurarme de que estuvieran presentes para que no sólo pudieran ayudar a dirigir nuestra conversación de manera espiritual, respetuosa y saludable, sino también para que Cathy tuviera a alguien con quien hablar, además de mí, después de terminar nuestra charla. Sabía que ella necesitaría la habilidad de hablar abiertamente, recibir consejos y orar con una amiga mientras procesaba esta nueva información. Nuestra charla no duró más de treinta minutos. No entré en detalles sobre mi pasado sexual, y sugeriría que tampoco lo hicieras, más allá de proporcionar la información general de que antes estabas involucrado en la homosexualidad. Si hay detalles específicos que se deben compartir, los consejeros espirituales que has elegido para caminar a tu lado en esto te conocen y conocen tu situación y pueden aconsejar en consecuencia. Le dije a Cathy que aunque todavía me atraían los hombres, yo me había dedicado a Dios cuando me convertí a Cristo y no participé en ningún tipo de actividades homosexuales desde ese día. Le prometí que nunca volvería a hacerlo y que estaba dedicado a amarla a ella y a ella solamente por el resto de mis días, si era un hecho que nos casaríamos. Diré que estar en condiciones de poder compartir desde un punto de vista de fortaleza y victoria espiritual en esta área (por ese tiempo, no había actuado homosexualmente en más de tres años) sin duda ayudó a mi causa. Con muchos años de matrimonio detrás de nosotros ahora, obviamente ella decidió que yo valía el riesgo. Gracias Jesús.

Para resumir, si tienes atracciones por el mismo sexo y has sido tan bendecido como para haber encontrado "la persona indicada", y estás seguro de que te gustaría ver la relación conducir a un compromiso, en mi opinión la siguiente receta de divulgación es el camino ideal a seguir:

- Cuéntale acerca de tu orientación sexual y tu posible historia homosexual antes de pedirle que se comprometa a estar contigo para siempre.

- No entres en detalles de tu sórdido pasado sexual, pero sé honesto sobre si hay uno. Una advertencia a esto sería si tu actividad era tal que tú adquiriste una enfermedad transmitida sexualmente o era un posible candidato para la adquisición del VIH. En mi caso, me hicieron la prueba de VIH antes de casarme para asegurarme de que Cathy estaba protegida, y ella era consciente de esto.

- Asegúrate de que dos asesores espirituales maduros y confiables estén presentes durante esta discusión y tu pareja es libre de discutir esto con ellos después de que la conversación haya terminado.

- Da a tu novio o novia la libertad de terminar la relación si así lo desea.

- Comparte tu compromiso centrado en Dios a la pureza y la rectitud para el futuro.

- Ora para que Dios haga conocer su voluntad para ambas vidas, y luego fielmente confía en la respuesta que Dios provee a través de la respuesta que tú recibes de tu novio o novia.

Si te rindes a Dios con tu vida, entonces serás comprometido a su plan para tu matrimonio y tu futura relación. Confía en que él sabe lo que es mejor para ambos.

Tal como escribí anteriormente en este capítulo al cónyuge o futuro cónyuge de una persona atraída por el mismo sexo, te escribo aquí: esta es una oportunidad para el crecimiento espiritual si Dios está en el centro. Simplemente no ha habido otro elemento en mi vida que haya estimulado el crecimiento espiritual y la madurez más que tener que aprender a morir a mi naturaleza pecaminosa y egoísta y amar y apreciar este regalo de Dios, mi esposa. ¿Qué mayor alegría hay en ser bendecido con la perspectiva de poder aprender a amar como Jesús?

Si tú estás casado/a y no has hablado con tu esposa/o acerca de tus atracciones por el mismo sexo

Quiero tener cuidado de no ofrecer una respuesta "válida para todos los casos" y por lo tanto pintar todos los matrimonios con el mismo pincel, ya que esta situación no es ciertamente lo mismo que una pareja que todavía no se ha comprometido, por lo que mi respuesta no es tan inequívoca como los consejos anteriores. Diré lo que es ideal, aunque reconozco que en algunas situaciones raras y únicas, ser abierto sobre tus atracciones por el mismo sexo con tu cónyuge después de años de matrimonio no puede ser la opción más sabia. Yo personalmente creo que tal situación sería extraordinaria pero no inmanejable. Te sugiero que busques consejo espiritual si crees que hay una razón legítima, yo insisto de nuevo, legítima, por qué no compartirías esta información con tu cónyuge.

Dicho esto, sin duda el ideal es que si tú estás casado actualmente, pero aún no has dicho a tu cónyuge de sus atracciones por el mismo sexo, empieza a planificar en hacerlo. No estoy sugiriendo que esto se haga de inmediato. Toma el tiempo para orar y pedirle a Dios que te muestre maneras y cuál es su momento para que tú puedas comenzar a venir a la luz con tu esposo o esposa. Efesios 5:8-10 dice: "Porque ustedes antes eran oscuridad, pero ahora son luz en el Señor. Vivan como hijos de luz (el fruto de la luz consiste en toda bondad, justicia y verdad) y comprueben lo que agrada al Señor."

Divulgar esto a tu esposo/a obviamente tiene que hacerse con mucha oración, dirección de mentores de confianza y mucha sensibilidad, consideración y gracia. Los esposos y esposas que reciben este tipo de información después de la boda luchan mucho con la confianza, ya que se sienten profundamente traicionados y engañados, y mientras más tiempo hayas esperado, más difícil será para tu esposo o esposa escuchar esta noticia.

Tendrás que dar a tu cónyuge tiempo para procesar esta información, permitiéndole la libertad de hacer cualquier pregunta que desee a medida que pasa por esta progresión, teniendo la libertad de buscar el consejo de las personas espirituales en su vida. No encadenes a tu cónyuge diciendo: "No puedes decirle a nadie más"; necesitará consejo sobre cómo proceder. Dicho esto, no debe tener la libertad de decirles a todos los que desea, ya que tu confidencialidad tendrá que ser respetada. Más bien, el mejor escenario es que tu esposo o esposa elija uno o dos mentores espirituales de confianza que respeten tu necesidad de privacidad mientras ofrecen su consejo espiritual.

Con la advertencia anterior ya en su lugar para esas circunstancias raras, ten por favor el valor y la convicción de traer estas noticias a la luz. Ser transparente después de la boda significará que habrá algunos momentos desafiantes por delante, pero con la oración, el perdón, la dirección espiritual y un nuevo compromiso a la rectitud y la transparencia, tú serás capaz de superar esto, y también lo hará tu cónyuge; muchos lo han hecho, y tú también puedes hacerlo.

Cinco pasos prácticos para ayudarte si tu cónyuge está activamente involucrado en la homosexualidad

Si tu esposo o esposa está involucrado en actuar homosexualmente, aquí hay cinco pasos prácticos que debes tomar para ayudarte a ti y a tu cónyuge. Estos cinco puntos son de Ginger Haan, una esposa y madre de dos adolescentes, cuyo marido participó en varias relaciones homosexuales durante un período de ocho años durante su matrimonio, pero finalmente se arrepintió y regresó a su familia. Me he tomado la libertad de agregar mis propios pensamientos para cada uno de los cinco puntos que ella presentó en una clase titulada "Cómo desarrollar el amor incondicional para tu esposo", a la que yo personalmente asistí.

1. Entrega a tu cónyuge a Dios.

En lugar de gastar tus energías emocionales y espirituales en tratar de arreglar o curar a tu cónyuge homosexual, te sugiero que tomes la decisión de entregarlo al Señor y enfocar tu atención en tu propio bienestar espiritual. Dios está cuidando a tu cónyuge y tú necesitas cuidarte. Confía en que Dios está trabajando en curarle a él o ella de las carencias emocionales y sentimentales que causaron su desorden de identidad sexual y está manejando a través de su vida, trabajando en traerlo de vuelta a él y a ti. Debes ser paciente, porque toma tiempo.

Isaías 30: 20-21 nos proporciona una maravillosa y reconfortante promesa de Dios para los que están en medio de la adversidad y la confusión:

Aunque el Señor te dé pan de adversidad y agua de aflicción, tu maestro no se esconderá más; con tus propios ojos lo verás. Ya sea que te desvíes a la derecha o a la izquierda, tus oídos percibirán a tus espaldas una voz que te dirá: "Este es el camino; síguelo."

Durante el período de la historia de Judá, cuando fueron prósperos y cómodos, prestaron poca atención a la voz y dirección de Dios. Pero cuando hubo "el pan de la adversidad y el agua de la aflicción", ellos sabían que necesitaban la dirección y la ayuda de Dios y fueron una vez más rendidos a él para que pudieran oír su voz. Igualmente en tu vida, hasta que te rindas, no escucharás la voz de Dios. Escucharás la tuya.

2. Confía y obedece.

Cuando medité en la palabra "Guía" ("Guidance" en inglés), seguí viendo "bailar" ("dance" en inglés) al final de la palabra. Recuerdo haber leído que hacer la voluntad de Dios es como bailar.

Cuando dos personas tratan de liderar, nada se siente bien. El movimiento no fluye con la música, y todo es bastante incómodo y desigual.

Cuando una persona se da cuenta de eso, y deja que el otro lo conduzca, ambos cuerpos comienzan a fluir con la música.

Uno da señales suaves, tal vez con un empujón a la espalda o presionando ligeramente en una dirección u otra.

Es como si dos se convirtieran en un solo cuerpo, moviéndose maravillosamente. El baile requiere la entrega, la voluntad y la atención de una persona y la orientación suave y la habilidad de la otra.

Mis ojos retrocedieron a la palabra "Guía". Cuando vi "G" pensé en Dios (que empieza con "G" en inglés), seguido por "u" y "i" (inglés por "tu" y "yo"). Dios, tú y yo bailamos.

Cuando bajé la cabeza, me puse a confiar en que recibiría orientación sobre mi vida. Una vez más, me volví dispuesto a dejar que guiara Dios.

—Autor desconocido

No soy bailarín. El baile es demasiado complicado para mí. Además, a seis pies cuatro pulgadas y casi trescientas libras, probablemente dejaría a alguien inconsciente mientras intentaba realizar algunos de mis movimientos de breakdance, así que por la seguridad de todos los involucrados, normalmente me siento al margen cuando comienza el buguibugui. Sin embargo, me encanta la idea de aprender a bailar con Dios y dejarlo liderar. Bailar con Dios significa que tú confías en él y le obedeces, incluso cuando estás herido y confundido y no estás seguro del siguiente movimiento. Puede ser difícil de ver hoy, pero todos los sueños de Dios para tu vida aún pueden hacerse realidad. Ellos no han muerto porque tu esposo o esposa tiene atracciones por el mismo sexo, o incluso está actuando activamente homosexualmente. La pregunta es: ¿Permitirías que Dios te guíe a través de este desafío en tu vida?

En Romanos capítulo 4 se nos habla de la poderosa fe de Abraham, que tuvo que esperar veinte años para que se cumpliera la promesa de un hijo. La narrativa de Pablo de esa historia llega maravillosamente a una alta intensidad en los versos 18 a 22:

> Contra toda esperanza, Abraham creyó y esperó, y de este modo llegó a ser padre de muchas naciones, tal como se le había dicho: "¡Así de numerosa será tu descendencia!" Su fe no flaqueó, aunque reconocía que su cuerpo estaba como muerto, pues ya tenía unos cien años, y que también estaba muerta la matriz de Sara. Ante la promesa de Dios no vaciló como un incrédulo, sino que se reafirmó en su fe y dio gloria a Dios, plenamente convencido de que Dios tenía poder para cumplir lo que había prometido. Por eso se le tomó en cuenta su fe como justicia."

Debido a que Abraham era sólo humano, debe haber habido momentos en ese período de veinte años cuando se preguntó si era o no el

Señor que había oído en ese día tan transcendental. A veces se preguntó si Dios habría olvidado las promesas que había hecho una vez. Sin embargo, a través de todo esto, la fe de Abraham no vaciló, incluso cuando la situación parecía completamente desesperada.

Cuando ves a tu esposo o esposa luchar a través de la vida y su matrimonio no es lo que habías soñado que sería, tú puedes encontrarte preguntando a veces, "Señor, ¿te has olvidado de mí?" Eso está bien. La pregunta para ti es: incluso cuando parece contra toda esperanza de que él o ella cambie o se arrepienta alguna vez, ¿pelearás para mantener tu fe fuerte y no vacilar a través de la incredulidad, estando completamente convencido de que Dios tiene el poder de hacer lo que ha prometido? ¿Confiarás y obedecerás y dejarás que el Señor te guíe a través de esta danza llamada vida?

3. Ten una visión para tu matrimonio.

Helen Keller dijo una vez: "Hay una cosa peor que ser ciego y es la de tener vista pero no mirar". Si ha habido infidelidad en tu matrimonio, puede ser especialmente difícil tener una visión positiva para el futuro. Ora para que el Señor te dé una visión, un sueño para lo que tu matrimonio puede ser mientras confías y obedeces sus instrucciones en tu vida.

El amor requiere paciencia, y desarrollamos esto a través de la resistencia. La resistencia es la capacidad de soportar las dificultades y la adversidad. En Hebreos 12:2 encontramos dos palabras inverosímiles que se juntan en la misma oración: "cruz" y "gozo": "Jesús ... quien, por el gozo que le esperaba, soportó la cruz, menospreciando la vergüenza que ella significaba, y ahora está sentado a la derecha del trono de Dios" (énfasis añadido). Jesús estaba dispuesto a soportar la cruz porque mantuvo su visión interior del gozo del cielo. En tu vida y en tu matrimonio tienes que seguir creyendo y visualizando que algo bueno vendrá de esto para estar dispuesto a soportar los tiempos difíciles.

En Romanos 4:20-21 vemos que Abraham dio gloria a Dios aunque no vio la respuesta. Su actitud era: "Señor, te voy a alabar de todos modos." Con esto, Abraham fue capaz de alabar a Dios antes de que llegara la respuesta. Tú puedes hacer eso en tu matrimonio también. La alabanza pone atención en Dios y no en tus circunstancias. Satanás siempre es derrotado cuando alabas a Dios.

4. Selecciona cuidadosamente tus palabras.

Cuando estás herido, es fácil querer contraatacar, y como la mayoría de nosotros sabemos que hacerlo físicamente no es una opción sabia, el ataque verbal a menudo parece una opción viable. Pero somos llamados por Dios a usar palabras y lenguaje que traen sanación y no usar palabras que echan leña al fuego. Proverbios 16:21 dice: "Al sabio de corazón se le llama inteligente; los labios convincentes promueven el saber." Proverbios 16:24 dice: "Panal de miel son las palabras amables: endulzan la vida y dan salud al cuerpo." Proverbios 20:5 dice: "Los pensamientos humanos son aguas profundas; el que es inteligente los capta fácilmente." Nuestras palabras tienen el poder de construir o derribar, y tan difícil como podría ser, especialmente cuando has sido profundamente herido – debes preguntarte antes de que hables si tu motivo es traer el cambio positivo, la curación y el diálogo espiritual. Si es así, tus palabras reflejarán tus motivos. Si tu intención es ser vengativo y causar daño, tus palabras reflejarán esa realidad también.

Mi esposa, Cathy, es un ejemplo increíble de alguien que ora antes de que me hable de temas posiblemente polémicos. Ha habido momentos en que ella ha querido confrontarme con algo o discutir un tema que estaba en su corazón - incluyendo el tema de mis atracciones por el mismo sexo - pero sabía que si lo hacía en la mentalidad en la que estaba actualmente, ella definitivamente tendría un momento de "arrebato". Cathy ha promovido la curación y la instrucción en nuestro matrimonio, a veces tomando horas o incluso días para orar primero y luego pedir dirección y consejo de consejeros espirituales de confianza, buscando orientación para que cuando ella finalmente hable, sería en el espíritu de amor, no de venganza. Su sabiduría y discernimiento en esto ha ayudado enormemente a nuestro matrimonio.

5. Acepta que los pecados de la carne de tu cónyuge no son peores que los pecados de tu corazón.

Tan pecaminoso como tu esposo o esposa puede haber estado en tu matrimonio, debes asumir la responsabilidad por los pecados de tu propio corazón. Mateo 7:1-2 habla muy claramente de nuestra actitud de juicio y cómo nosotros mismos caeremos bajo el mismo juicio que usamos con otros. Sé que algunos de ustedes que están leyendo esto han sido heridos increíblemente porque su cónyuge ha estado involucrado en un comportamiento homosexual. El corazón del Señor se rompe con el tuyo por lo que has sufrido, y pocos serán capaces de apreciar el dolor que has soportado. Sin embargo, él todavía espera que tú perdones mientras que Jesús perdonó a los que lo asesinaron. Ese es el poder del cristianismo. Sin eso, ¿qué tenemos nosotros sino ser víctimas? ¿Quién quiere vivir como una víctima herida? El poder de la cruz dice: "Te perdonaré sin importar lo que me hayas hecho. Con el Señor, tengo el poder de levantarme y elegir cómo me sentiré y responderé, y no daré ese control a nadie sino a Cristo". En este sentido, el perdón, la clemencia y la compasión es igual a la libertad - tanto para ti, la persona que ha sido tan profundamente agraviada, y para tu cónyuge.

Gálatas 5: 22-23 nos dice claramente cómo es el corazón de Dios y cómo es su deseo que vivamos con estas cualidades: "En cambio, el fruto del Espíritu es amor, alegría, paz, paciencia, amabilidad, bondad, fidelidad, humildad y dominio propio." No hay ninguna condición escrita que diga: "Haz esto a menos que por supuesto tu esposo o esposa ha pecado contra ti, en cuyo caso, esta instrucción es nula y sin valor". De hecho, lo mismo que hace que estas cualidades espirituales sean tan formidables y hermosas es que podemos vivirlas en nuestros corazones y vidas mientras estamos en medio del dolor y no sólo en ausencia de él. Cuando te encuentres exhibiendo el espíritu de orgullo o autocompasión o quizás la falta de voluntad de perdonar a tu cónyuge por fuera o por dentro, pídele perdón a Dios. Entrega los pecados del corazón al Señor y permite que Dios los reemplace con sus frutos del Espíritu. Porque así como no hay células cancerígenas insignificantes, todos los pecados son mortales, y tus iniquidades de orgullo, arrogancia, justicia propia, juicio y falta de perdón, naufragarán tu fe y destruirán tu alma. Recuerda quién es el enemigo: no es tu marido ni tu mujer; es Satanás.

Finalmente, cuando oras por tu esposo/a que tiene atracciones por el mismo sexo, reconoce la diferencia entre oraciones de bendición y oraciones de maldición. Orando una y otra vez la oración que dice: "Dios, por favor cambia a mi marido, haz que se arrepienta" es realmente una oración que dice: "Señor, por favor cámbialo para que yo pueda ser feliz". No es la oración de alguien que ha rendido a su cónyuge o su relación a Dios. Ora por tu cónyuge de manera positiva, pidiéndole a Dios que lo proteja y lo cure; ora por la restauración espiritual y para que su alma sea salva.

Una nota sobre situaciones únicas del cónyuge

Si encuentras que tu esposo o esposa está gastando demasiado tiempo sin explicación lejos de la familia, parece haber renunciado a este tema o muestra constante desprecio por tu salud sexual, o está culpando y exhibiendo patrones habituales de mentir; dada la complejidad y seriedad de la situación, necesitarán ayuda pastoral y profesional adicional a largo plazo. Por supuesto, es ideal cuando ambos individuos quieren trabajar en el matrimonio, pero creo que si ese no es el caso, en circunstancias extremas - como las que acabamos de mencionar - este es un momento en que una separación restaurativa con el propósito de la reconciliación del matrimonio debe ser considerada. Permíteme reiterar que deberían buscar muchos consejos de los líderes espirituales en su vida y envolver la situación con la oración antes de tomar decisiones.

De la manera que prosiguen adelante, es importante entender que la homosexualidad con la que tu pareja está luchando antecede el matrimonio; estos desafíos no son culpa tuya, y nunca debes llevar una carga sobre tus hombros. Aférrate a Dios durante este tiempo; ten la seguridad de que él te tiene en la palma de su mano y se preocupa por ti más allá de tu entendimiento. Él consuela a los que lloran, y puede ser que tengas que llorar una parte de tu relación si no lo has hecho ya. Apóyate en él y obtén apoyo de aquellos a los que más amas y confías. "Que el amado del SEÑOR repose seguro en él, porque lo protege todo el día y descansa tranquilo entre sus hombros" (Deuteronomio 33:12).

Para las mujeres que están casadas con un esposo cristiano con atracciones homosexuales

Para esta sección del capítulo, pensé que sería más sabio dejar que Cathy hablara de sus experiencias como una mujer atraída heterosexualmente casada con un hombre cristiano atraído homosexualmente. Estas son sus palabras:

Como una mujer que está casada con un hombre atraído por el mismo sexo, estoy escribiendo esto a aquellas de ustedes también en esta posición para ayudarles a saber que no están solas y que lo que están sintiendo y las preguntas que están haciendo son comunes a cada cónyuge de una persona atraída por el mismo sexo. También quiero darte abundantes cantidades de esperanza. Mi esposo, Guy, y yo estamos casados desde 1991, y mientras vivimos con problemas de identidad sexual que es una realidad en nuestro matrimonio, no ha sido un asunto que nos ha impedido estar increíblemente enamorados y vivir muy satisfechos y felices juntos. Independientemente de lo que la sociedad te diga o lo que digan tus temores e inseguridades, quiero que sepas que estar casada con alguien que es atraído por el mismo sexo no es un impedimento para tener un maravilloso matrimonio lleno de amor, siempre que Dios esté en el centro de la relación.

Unos meses antes de que Guy me pidiera que me case con él, compartió conmigo su participación pasada en la homosexualidad a lo largo de sus años de adolescencia e incluso hasta después de los veinte años. Compartió que había estado recibiendo ayuda, se había arrepentido y no había estado involucrado activamente en este pecado desde que llegó a ser cristiano. Hubo varias emociones y pensamientos que me tocaron profundamente. Mi primera reacción fue que me sentía como si alguien me hubiera pateado en el vientre. De hecho pensé que podría estar enferma. Me sentí tan traicionada que yo había estado envuelta en una relación de confianza con él mientras salíamos y que incluso había compartido mucho emocionalmente, pero que él había ocultado este enorme secreto sobre su vida, ¿qué otra cosa no me había dicho? También me sentí muy triste por todo lo que él había pasado, y sentí lástima por él porque me daba cuenta de que estaba profundamente avergonzado. Sin embargo, principalmente yo estaba orgullosa de él por compartir esta parte de su vida conmigo.

Me fui a casa esa noche y me sentí en conflicto. Las preguntas que pasaron por mi mente fueron abrumadoras: ¿Tendrá SIDA? ¿Lo hicieron pruebas? ¿Seguirá siendo atraído por otros hombres? Y si es así, ¿cómo podría estar atraído por mí? ¿Y qué de nuestra relación física cuando finalmente estamos casados? ¿Podríamos disfrutar de esto? ¿Podría alguna vez confiar en él, sabiendo que me había ocultado algo durante tanto tiempo? ¿Debería seguir esta relación que posiblemente terminará en un matrimonio que podría ser una catástrofe? ¿Podría yo confiar en que Dios me guíe y cuide de mí en esto? Después de recibir las afirmaciones del hombre que orientaba espiritualmente a Guy durante su tiempo de arrepentimiento, oré y leí escrituras sobre el perdón y el pecado. Finalmente puse en mi mente y corazón el hecho de que ante Dios, los fracasos de Guy no eran diferentes de los míos.

A lo largo de los años, hemos tenido momentos difíciles. Durante años fue difícil para mí plantear preguntas o inquietudes porque Guy inmediatamente se sentiría muy inseguro y retraído. Todavía estaba muy avergonzado por ser atraído por el mismo sexo. Las preguntas que tuve durante años fueron: ¿Aún te atraen los hombres? ¿Estás atraído por mí? ¿Te sientes atraído por otras mujeres? ¿Tienes miedo de que la gente se entere de tu pasado? En los últimos años, sin embargo, nuestra relación se ha profundizado en la confianza y la comunicación. Esto realmente nos ha permitido discutir estos temas en un ambiente seguro, mientras que tenemos fe en nuestro amor el uno por el otro y por Dios.

En cierto sentido, el problema de Guy con las atracciones por el mismo género nos ha enseñado a ser increíblemente sensibles a las necesidades del otro. He aprendido que mi esposo requiere constante comunicación de mí que es atractivo, que me siento atraída por él, que me siento orgullosa de ser su esposa, que me alegro de que estemos casados, de que lo amo, de que me siento orgullosa de él, y que realmente cumple mis necesidades emocionales y físicas. Me doy cuenta de que estas son las mismas cosas que todo marido necesita escuchar de su esposa, pero Guy realmente necesita ser recordado de esto y escuchar estas palabras de afirmación de mí todos los días.

La mayoría de los hombres viven con un sentimiento de inseguridad algunas veces, pero los hombres atraídos por el mismo sexo viven con un profundo sentimiento de inseguridad. Sé que Guy tiene esos pensamientos que dicen que él puede ser menos que un hombre debido a sus atracciones por el mismo sexo, y ésos pueden ser contrarrestados e incluso eliminados con mis palabras de amor, afecto, admiración y confianza. También he visto que a medida que continúa encontrando la curación, el abrumador sentimiento de vergüenza e inseguridad que una vez plagó su vida diaria está siendo reemplazado lenta pero seguramente por una fuerte confianza y saludable seguridad en quien es como un hombre, marido, padre y como un hombre de Dios.

Guy por otra parte ha aprendido que yo, también, necesito muchas de las mismas palabras de afirmación y cariño, especialmente teniendo en cuenta la cuestión de su identidad sexual. Necesito oír a menudo que él piensa que soy hermosa, que lo satisfago sexualmente, que él me necesita y que él está contento casado conmigo. Este es el tipo de lenguaje con el que hemos tratado de impregnar nuestro matrimonio. No somos perfectos en ello por supuesto, pero realmente hemos pasado años esforzándonos constantemente para construir uno al otro con palabras de estímulo, apoyo y amor.

Te prometo que si te esfuerzas en amar a tu marido cristiano atraído por el mismo género con el tipo de amor que leemos en 1 Corintios 13, tu esposo te apreciará, te guardará y te protegerá y responderá del mismo modo. A la luz de ese tipo de amor, Guy y yo hemos encontrado que los problemas de identidad sexual que debemos tratar juntos (sin mencionar todos los otros desafíos que la vida trae) son en realidad muy pequeños e incluso irrelevantes.

¿Qué pasa con la intimidad?

Muchos países tienen un sistema de clasificación de películas para evaluar la idoneidad del contenido de una película para ciertas audiencias, proporcionando así las advertencias necesarias para que la gente (padres especialmente) pueda saber de antemano la edad apropiada de cada película. Asimismo, quiero ofrecer una advertencia con respecto a esta sección; no será apropiado para todos los lectores. Sin embargo, sería negligente escribir un capítulo específicamente para los esposos y esposas que se encuentran en medio de una auténtica perplejidad en su relación sin abordar un área de la que me preguntan más a menudo, la de la intimidad física entre marido y mujer cuando uno de los dos tiene atracciones por el mismo sexo. Ahora que se ha emitido una advertencia adecuada, proseguiré.

Antes de que Oprah Winfrey decidió dejar de emitir mientras todavía estaba en la parte superior de las calificaciones de televisión y terminar su popular programa de televisión diurna, emitió un episodio el 3 de abril de 2009 titulado "What Every Woman Wants" ("Lo que cada mujer quiere"). Dado que soy hombre y no tengo mi doctorado en esta área todavía, le di a Oprah Winfrey sesenta minutos de mi tiempo. Me alegro de haberlo hecho, porque realmente cristalizó lo que había estado aprendiendo en las últimas dos décadas en mi propio matrimonio, lo que he visto y oído en innumerables horas de consejería de parejas de las que he sido parte como ministro, y mucho de lo que he leído en mi propio tiempo de estudio e investigación. Así que elogios a Oprah para difundir un episodio sobre este tema. Pero si pudiera ser tan atrevido como para añadir a la sabiduría de Oprah, creo que no son sólo las mujeres las que quieren esto, sino también los hombres. Entonces, ¿qué es lo que cada mujer y cada hombre quieren? Deseo.

Querida esposa, querido esposo, si tienes atracciones por el mismo sexo, sé que hay algunos desafíos únicos, pero esta parte de este capítulo está llena de nada más que buenas noticias que realmente ayudarán a ti y a tu cónyuge atraído heterosexualmente.

Lo que tu marido quiere de ti casi más que cualquier otra cosa, excepto tal vez el respeto, es ser deseado. Muchos hombres querrían que pensaras que esto no es cierto, que de alguna manera no es macho querer ser deseado, pero no lo creas. Cada esposo quiere ser deseado por su esposa.

Lo que tu esposa quiere de ti más que cualquier otra cosa, más que la seguridad financiera, más que una casa grande y un buen vehículo para conducir, más que las vacaciones ocasionales y más que tu encanto increíble es ser deseada y querida. No me malinterpretes. Estoy seguro de que la seguridad financiera, un lugar decente para vivir, algunos viajes agradables y que seas un gigante espiritual tendrán sus beneficios, y nosotros como maridos tenemos que hacer lo que podamos para proporcionar estas cosas, pero sin que la desees y que la quieras, tendrás una mujer herida y decepcionada en tus manos.

Los Retos Únicos que Enfrentamos

Me doy cuenta de que estoy escribiendo a un público único: hombres y mujeres que están casados con el sexo opuesto, pero que son al menos en parte o por completo atraídos sexualmente por el mismo sexo. Supongo que podrías decir que estamos en un apuro, ¿verdad? ¿Cómo puedes mostrar tu amor y afecto a tu cónyuge cuando te sientes atraído por el mismo sexo? Puedes pensar al principio que el deseo y la atracción sexual son la misma cosa, pero no lo son. No hay duda de que están estrechamente vinculados, y para los hombres y mujeres cuya atracción sexual es de naturaleza heterosexual, incluso se superponen a veces, pero en realidad son dos entidades separadas. Esa es una tremenda noticia para el cristiano casado con atracciones por el mismo sexo, y esto es el por qué:

Sólo porque tú aun estás aprendiendo, cambiando y creciendo en términos de ser atraído sexualmente a tu cónyuge no significa que no puedes desearlo o desearla a su vez y hacer que tu cónyuge se siente deseado mientras que tú y el Señor trabajan juntos en el desarrollo de este aspecto en su relación. Y permíteme decirte que esto puede suceder absolutamente; yo soy la prueba viviente. Cuando estaba recién casado, tenía miedo de cómo las cosas iban a funcionar en este respecto, pero puedo decirte con confianza que a lo largo de los años, ha sido en mi experiencia que el deseo sexual hacia mi esposa ha despertado progresivamente y aumentado y hoy deseo a mi esposa sexualmente de una manera que una vez te hubiera dicho que era imposible. Realmente sólo tengo ojos para ella.

Independientemente de dónde te encuentres ahora en términos de cómo te sientes sexualmente atraído por tu esposo o esposa, reconoce esto: tu cónyuge quiere ser buscado; eso es clave. A pesar de que puedes ser deficiente en cuanto a tus atracciones del sexo opuesto, no hay ninguna razón por la que, ¡no puedes querer a tu esposo o esposa al mismo tiempo!

Deseo a mi esposa para la amistad, el compañerismo y la conversación. Deseo que mi esposa se ría conmigo y comparta las experiencias de mi vida conmigo, lo bueno y lo malo. Quiero a mi esposa porque mi vida sería tan solitaria y vacía sin ella. Prefiero hablar con ella más que con cualquier otra persona. Prefiero ir a una película con ella más que cualquiera de los chicos. Prefiero ver un programa de televisión con ella más que con cualquier otra persona. Prefiero dar un paseo con ella más que con cualquier otra persona. Prefiero cenar con ella más que con cualquier otra persona en el mundo entero. No hay nadie en el planeta que yo elegiría sino a Cathy para acompañarme de vacaciones y pasar mis días festivos y momentos especiales.

¿Amo a mi esposa? Más allá de las palabras. ¿Quiero a mi esposa? ¡Sin duda! ¿La deseo yo? ¡Absolutamente! El deseo y el anhelo de ella y mi increíble aprecio por todo lo que ella es para mí me dan ganas de encontrar maneras de mostrarle cuánto la deseo y la quiero. ¿Cómo se desarrolla esto prácticamente?

- Le digo todo el tiempo que la amo.

- La abrazo y beso todos los días, a veces varias veces cada día.

- Tomo su mano.

- Pongo mi brazo alrededor de ella.

- Planifico tiempos especiales juntos.

- Le digo varias veces a la semana que es hermosa.

- Cuando se viste para ir a un evento, ¡le digo lo guapa que es y le aseguro que será la mujer más hermosa en el lugar!

- Cuando estamos en la cama, la abrazo, la tomo y le digo que la amo.

Hago estas cosas porque la quiero y la deseo y el resultado final es que mi esposa se siente querida y deseada - la misma cosa que ella quiere más que cualquier otra cosa.

Belleza en el ojo del espectador

La belleza está verdaderamente en el ojo del espectador. Siendo un hombre físicamente atraído por el mismo género, admito que soy incompleto en mis atracciones físicas para mi esposa; no estoy sexualmente atraído por ella de la misma manera que lo sería si fuera atraído heterosexualmente. Sin embargo, eso no significa que no creo que mi esposa sea hermosa. En realidad la encuentro increíblemente hermosa. He aquí una analogía que podría ayudarte a entender lo que quiero decir. Cuando veo una rosa, su belleza me asombra. Una rosa es delicada, compleja, huele muy bien y me ayuda a recordar lo magnífico que es Dios, que él creó una flor maravillosamente hermosa para disfrutar. Ahora, obviamente no estoy sexualmente atraído por la rosa, pero eso no significa que no pueda apreciar plenamente su elegancia única. De la misma manera, miro a mi esposa, y su belleza me asombra. Es delicada, compleja, huele encantadora y me recuerda lo magnífico que es Dios, que él creó a una mujer maravillosamente hermosa para que yo la disfrute. Estar atraído por el mismo género no limita mi capacidad de notar y verbalizar lo hermosa que es para mí.

Determina tu propio éxito

No quiero minimizar los desafíos que algunos de ustedes están enfrentando con respecto a la intimidad física. Sé que para algunos hombres y mujeres atraídos por el mismo sexo, el acto real de las relaciones sexuales con tu cónyuge en este momento parece casi imposible para ti. No hay necesidad de sentir pánico o sentirse inferior o como un fracaso. Tampoco hay ninguna razón para que un cónyuge se sienta inseguro o no amado debido a la incapacidad actual del esposo o esposa para desempeñarse sexualmente. No es un comentario sobre cómo él o ella se siente acerca de ti. Es más bien, simplemente, una de las muchas maneras en que las complicadas y complejas realidades del trastorno de la identidad sexual se exhiben a veces, y también es muy común.

Las parejas a las que he aconsejado en tales situaciones a menudo han descubierto que al enfocar su afecto físico en momentos de cariño, abrazos y caricias, mientras expresan verbalmente su profundo amor el uno por el otro, en lugar de concentrarse en la necesidad de tener relaciones sexuales - que provoca una presión emocional excesiva y obstructiva - con el tiempo (a veces semanas, a veces meses), promoverá el deseo de una actividad sexual escalada. Recuerda, la meta final no es el sexo; es querer, mostrar amor, mostrar afecto, aprecio, calidez, dulzura y ternura. Tú puedes lograr todo esto, incluso si estás atraído por el mismo sexo y en la actualidad tienes dificultades para expresar estos sentimientos físicamente.

La cultura tanto dentro como fuera de la iglesia a menudo puede dictar incorrectamente lo que es y lo que no se considera triunfo cuando se trata de la actividad sexual en el matrimonio. Las parejas pueden terminar equivocadamente comparándose con lo que otras parejas casadas son capaces de lograr a este respecto - tanto en términos de frecuencia como en el tipo de actividad sexual en la que se involucran - y de alguna manera sienten que están fallando si no pueden disfrutar de la misma medida de éxito que escuchan que otros están disfrutando. Este es un error para los esposos y esposas que están tratando con temas tan polifacéticos como las atracciones por el mismo sexo en sus relaciones. En tales casos, a través de una comunicación honesta y sensible; mediante un proceso de ensayo y error; con paciencia, amabilidad, calidez, reflexión, y a veces incluso a través de la búsqueda de asesoramiento de los asesores de confianza, las parejas deben decidir cuál es su punto de referencia de logro para ellos únicamente. Las parejas necesitan ser capaces de definir su propio éxito y luego celebrar y regocijarse unos con otros y con Dios cuando lo logren.

Estimado esposo o esposa atraído por el mismo sexo, deja que el cónyuge con quien Dios te haya bendecido sea el deseo de tu vida, y asegúrate de que él o ella se sienta deseado. Hagan esto en la manera que se comunican todos los días. Digan una y otra vez por qué se aman y se aprecian. Asegúrense de que este tipo de diálogo es una parte normal de su vida cotidiana. Detente y piensa en todas las formas en que deseas a tu esposo o esposa, y piensa mucho más allá de los límites del sexo al hacerlo. Cuando se trata de la relación íntima que es una bendición de Dios, entrégate a tu cónyuge. Trabaja junto con tu esposo o esposa y establezcan su propia medida de éxito. Y por último, recuerda el día de tu boda, ya que fue tu propio milagro especial que Dios realizó sólo para ti.

Recursos

1. Connie Neal, *Holding On to Heaven While Your Marriage Is Going Through Hell* (Mun Gode Press, 2012).

2. Jim Burns, *Creating an Intimate Marriage* (Ada, MI: Bethany House Publishing, 2006).

3. Joe Dallas, *Restoring Marriages Damaged by Sexual Sin*, CD, www.joedallas.com.

Capítulo Seis

Ayuda práctica para los padres

Una madre que es verdaderamente una madre nunca es libre.

—Honoré de Balzac, Novelista francés, 1799–1850

Hola, tengo dieciséis años. Hace dos años me hice cristiano. Antes de mi compromiso con Cristo estaba involucrado en alguna actividad homosexual. Aunque esto fue confesada a mis padres durante mis estudios bíblicos, creyeron que era apenas una fase para mí, pero esto no es verdad. Todavía lucho con lo que se llama "atracciones por el mismo género". El hombre que estudió la Biblia conmigo me dijo que "los homosexuales" superan sus deseos practicando la abnegación y amando a Jesús. Escuché esto y empecé a negar mi realidad y a decirme una y otra vez que me siento atraído por las mujeres, no por los hombres, pero no funcionó y todavía estoy así. Pero por lo que todo el mundo sabe, me siento atraído por las mujeres y todo la "homosexualidad" que estaba en mí ya no está. Pero por mucho que quiera que se vaya, no se va... Siento que debo decirles a algunos hermanos de la iglesia, y definitivamente a mis padres, pero tengo miedo. Mis padres tienen una opinión muy fuerte sobre este tema, y por lo que han discutido conmigo, sé lo que piensan al respecto. Quiero hacerles saber, pero me da miedo porque quiero que todavía me quieran, y quiero que sepan que todavía soy un buen chico...Yo no sé cómo simplemente confrontarles con algo así. ¿Puedes ayudar a mis padres y a mí?

—Un muchacho de dieciséis años en los Estados Unidos

Odio la incertidumbre. Es verdad que nuestras vidas y hogares serían mucho más simples, y nuestras iglesias mucho menos desordenadas, si todos los asuntos que tuviéramos que tratar pudieran clasificarse fácilmente como negros o blancos, correctos o incorrectos, mejores o peores. Pero cuando se trata del tema de la identidad sexual, los asuntos son en gran medida ambiguos. Todavía hay un enorme factor misterioso cuando se trata de la causalidad de la atracción homosexual. La verdad es que lo más probable es que nunca sepas completamente por qué su hijo o hija es de esta manera, lo que significa que cualquier persona que trata este tema tendrá que aprender a aceptar el misterio. Debemos de alguna manera vivir en esta tierra donde no tenemos todas las respuestas y remedios mientras reconocemos que este proceso podría tomar toda una vida para averiguar o incluso tal vez toda una vida no puede ser suficiente.

Todos anhelamos tener una solución. Queremos llegar. Queremos el destino. Y debido a que el viaje tanto para la persona que lucha con atracciones por el mismo sexo como para el padre del hijo atraído por el mismo sexo está plagado de dificultades, noches de insomnio, angustia mental y horas de oración, queremos saber que hay un propósito en todo esto. Nuestro deseo de tener un solución es natural y comprensible, pero Jesús nos llama a renunciar a nuestra demanda de una solución. Más importante que nosotros obtener las respuestas que deseamos es la confianza que Dios simplemente nos pide que pongamos en él en medio de la paradoja y el misterio. Mientras queremos la respuesta, Dios nos pide que caminemos con él fielmente mientras vivimos en medio de toda esta ambigüedad, permaneciendo fieles y glorificándolo con nuestras vidas. Por supuesto, esto es mucho más fácil decirlo que hacerlo.

Para ti, el padre que recientemente recibió la revelación de que tu hijo se siente atraído por el mismo género y posiblemente se involucre en el comportamiento homosexual, puedes sentirte como si una bomba se hubiera explotado en medio de tu hogar, tu vida, tus planes. Te toca tratar de averiguar cómo volver a poner juntas todas las piezas de nuevo. Lo más probable es que estés en un estado de incredulidad; estás confundido; estás muy probablemente enojado. Para el padre que ha estado viajando por este camino por un período de años y su hijo está ahora en la edad adulta, tú eres susceptible a cansarte, ya que has orado innumerables oraciones y has pasado muchas noches llorando hasta dormirte. Incluso puedes estar al borde de perder la fe en la posibilidad de cambio. Es tan fácil perder la esperanza cuando nuestro mundo hace tantos esfuerzos para "promover la vida gay" y la homosexualidad es tan celebrada, cuando Dios es tan burlado. Espero que la siguiente información y el consejo de este capítulo te anime.

Reconociendo estas realidades, entiendo que sugerir que aceptes la incertidumbre puede no parecer útil inicialmente, pero te estoy diciendo que hay libertad en esto. No todo se puede reducir a una explicación o a una fórmula simple. Sentarte en medio de este misterio y decir "no sé" requiere humildad y un espíritu de rendición y en última instancia, se necesita fe.

Tres Verdades Fundamentales

Como alguien que participó en la actividad homosexual desde la temprana edad de doce años, durante toda mi adolescencia y luego hasta los veintitantos años, y que hoy es un cristiano fiel con una familia; como alguien que ha visto incontables hombres y mujeres homosexuales regresar a sus bases espirituales y, como el hijo pródigo bíblico, llegar a sus sentidos para vivir para Cristo, te pido que recuerdas tres verdades fundamentales cuando se trata de tu hijo:

1. La espiritualidad de tu hijo es el asunto principal.

La preocupación principal con respecto al bienestar de tu hijo no es su identidad sexual; es su espiritualidad. Tu hijo o hija atraído por el mismo sexo puede aprender a superar sus desafíos y a vivir una vida cristiana gratificante, feliz y llena en Cristo. Los discípulos de todo el mundo que se sienten atraídos por el mismo sexo lo hacen todos los días. Tú, como padre, puedes aprender a sentirte orgulloso de su hijo victorioso.

Hablándote como un cristiano con atracciones homosexuales, puedo probar el hecho de que yo prefiero mucho, mucho más vivir con las atracciones por el mismo género como un cristiano salvado que va al cielo, que vivir como un hombre heterosexual que está perdido y va al infierno. No te dejes atrapar por la trampa de permitir que la orientación sexual de tu hijo sea el asunto principal, realmente no lo es.

2. Su hijo no es escencialmente homosexual.

Tu hijo o hija está viviendo una vida que no fue intencionada por Dios para él o ella, aunque pueda creer que es esencial a su naturaleza tener atracciones por el mismo sexo. No es como Dios los creó; no es represen-

tativo de cómo alguna vez intentó que ellos experimentaran su sexualidad o sus relaciones. Al igual que todo ser humano vivo en el planeta,
su hijo está sufriendo los efectos de vivir en un mundo roto y caído. Esa
es una buena noticia para los padres de los hijos atraídos homosexualmente, sin importar su edad, porque a través de Jesús, lo que ha sido
dañado puede ser reconstruido. Puede haber cicatrices como prueba de
que alguna vez hubo una herida abierta, pero las cicatrices también serán
una prueba de que ha habido curación. Tal es el mensaje de 1 Corintios
6:9-11 cuando Pablo se dirige a los cristianos, algunos de los cuales antes
de convertirse en discípulos practicaban la homosexualidad: "Y eso eran
algunos de ustedes. Pero ya han sido lavados, ya han sido santificados, ya
han sido justificados en el nombre del Señor Jesucristo y por el Espíritu
de nuestro Dios" (v. 11). Por lo tanto, permanece lleno de esperanza - aférrate a ella - porque Dios está trabajando para sanar las heridas.

3. Su hijo pertenece al Señor.

La tercera verdad fundamental es que el llamado de Dios a su hijo
es irrevocable: él no dejará de llamarlo de vuelta a él. Mientras biológica-
mente este es tu hijo, espiritualmente él o ella es del Señor. En lo divino,
tú eres la madre o el padre sustituto, y el Señor es el verdadero padre. Él
está continuamente manejando y entrelazando cuidadosamente el mundo
de tu hijo, si puedes verlo o no, todo en un esfuerzo constante por de-
volverlo amorosamente al hogar y abrazo de Dios. Recuerda las palabras
reconfortantes de Oseas y déjalas abrigar tu corazón sobre cómo se siente
Dios por tu hijo:

> Yo fui quien enseñó a caminar a Efraín;
>> yo fui quien lo tomó de la mano.
> Pero él no quiso reconocer
>> que era yo quien lo sanaba.
> Lo atraje con cuerdas de ternura,
>> lo atraje con lazos de amor.
> Le quité de la cerviz el yugo,
>> y con ternura me acerqué para alimentarlo.

Oseas 11:3-4

Tres Pasos Necesarios

Así que con esas tres verdades fundamentales en su lugar, permíteme ofrecer tres pasos necesarios que serían útiles para que puedas seguir adelante fielmente:

1. Libérate de culpa.

¿Qué causa que alguien sea atraído por el mismo sexo? La conclusión es que nadie puede dar una respuesta definitiva. Hay muchas posibles influencias que contribuyen a que alguien establezca una atracción por el mismo sexo. No hay investigaciones científicas concretas que demuestren que exista una conexión genética o biológica. Sin embargo, podemos ver los patrones una y otra vez que parecen apuntar a influencias que contribuyen, y la lista es extensa.

Siempre que estamos hablando de cualquier tipo de comportamiento humano, siempre hay la fórmula que implica la combinación complicada de la naturaleza y la crianza (mis disculpas a todos los psicólogos por la definición vergonzosamente simple que estoy a punto de proporcionar).

La naturaleza tiene que ver con la biología, la genética y los rasgos innatos. La crianza tiene que ver con las experiencias de una persona, las relaciones y las influencias ambientales. Todo lo que es una parte de la experiencia humana (la identidad sexual incluida) intrincadamente entrelaza estos dos componentes de la naturaleza y la crianza.

Comencemos por ver la naturaleza. ¿Qué debemos determinar sobre la naturaleza y el papel que juega en la causalidad de la homosexualidad? ¿Significa que hay un "gen gay"? No, aún no, porque todavía no se ha descubierto. Significa que la composición genética de su hijo influye o contribuye a la dinámica compleja que está ocurriendo a medida que crece y se desarrolla y pasa a través de su desarrollo de identidad sexual. Y aunque no puede haber ningún gen gay, la naturaleza de hecho desempeña un papel indirecto en determinar a quién nos convertimos.

A medida que la gente se esfuerza por entender por qué alguien es homosexualmente atraído, a menudo busca a alguien a quien culpar, y los padres pueden ser blancos fáciles. Esto se debe principalmente a la falta de educación, a los mitos que existen en nuestra cultura y a veces incluso a la culpa autoinfligida de los padres. Podemos llegar a ser consumidos con la necesidad de encontrar una respuesta; esto es a la vez desafortunado e injusto. Del estudio científico no hay pruebas concluyentes de que la genética sola es responsable de la atracción por el mismo sexo.

Ahora veamos el aspecto de la crianza. Recuerda que la crianza tiene que ver con las experiencias de una persona, las relaciones y las influencias ambientales.

Puedo decirte con confianza que no hay una cosa como padre que podrías hacer que garantizaría que su hijo será atraído por el mismo sexo; de la misma manera, no hay una cosa que tú como padre podrías hacer que garantice que su hijo no será atraído por el mismo sexo. Eso no quiere decir que gastar tiempo investigando la dinámica familiar en su hogar no sería beneficioso, pero es claramente sólo una parte entre muchas y ciertamente no es una fórmula mágica que muchos rápidamente se apresuran a identificar. Definitivamente no eres la única influencia en la vida de tu hijo.

Hay sabiduría, sin embargo, al preguntarle a Dios dónde te has equivocado en tu crianza. Como padre imperfecto de cuatro adultos jóvenes, es doloroso, pero si el Espíritu Santo te revela algo, deberías reconocerlo, pedir perdón y luego no mirar hacia atrás. Sigue adelante hacia el objetivo y olvídate de lo que está detrás (Filipenses 3:12-13). Si has estado llevando una carga de culpa y vergüenza, examinando y reexaminando, cuestionando una y otra vez dónde te equivocaste en tu crianza que causó la confusión de identidad sexual de tu hijo - es hora de deshacerte de este tipo de razonamiento y liberarte de una carga que no deberías llevar. Si has estado culpando a tu cónyuge, acusándolo de ser el principal responsable de la orientación sexual de tu hijo, es hora de deshacerte de este tipo de razonamiento y liberar a tu cónyuge de una carga que no debería llevar. Sé que estás desesperado por encontrar una respuesta porque esperas que traiga paz, pero por favor, comprende que no eres más que un pequeño fragmento de lo que ha formado la vida de tu hijo. Hay tantas facetas y factores que contribuyen a la atracción homosexual de tu hijo o hija que simplemente están fuera de tu control. La naturaleza y la crianza desempeñan un papel en nuestro desarrollo y ninguna de ellas es culpa exclusiva del resultado.

2. Entrega a tu hijo a Dios.

Si aún no lo has hecho, es finalmente el momento de entregar a tu hijo al Señor. Esto no significa que lo abandones, ni significa que te sientas y no hagas nada, pero significa que en tu corazón y en tu alma entregas a tu ser amado a Dios. Despréndete del peso de la responsabilidad de la posición de tu hijo con Dios y que el futuro de su destino eterno depende de ti.

No es así. No será así. Nunca fue así.

Libera a tu hijo en las manos de Dios y déjalos trabajar en su relación. Humildemente entrega a tu hijo a Dios porque lo más probable es que sea una decisión que tendrás que volver a tomar varias veces a medida que progresan, porque, al igual que todos los padres amorosos, a menudo tendrás la tentación de tratar de adueñarte de esa carga de nuevo. Cuando sientas que sucede eso en tu corazón, entrégalo de nuevo. La carga de la salvación de tu hijo nunca fue tuya. Sabiamente enseñar, orientar, guiar y amar es lo que todos los padres tienen que hacer, pero el resto depende de su propio libre albedrío para elegir cómo va a vivir su vida - y depende también del Señor.

3. Responde con motivo.

Mientras te liberas de la culpa y entregas a tu hijo al Señor, lo que le permite trabajar su voluntad en el lado espiritual, ¿cómo deberías proceder en el ámbito físico a medida que te involucras en la vida de tu hijo o hija con atracciones por el mismo sexo? Responde con motivo; hazlo a propósito. Y asegúrate de que sea con mucha determinación, oración, tenacidad y resolución.

Mientras Satanás ha tratado de usar la homosexualidad como un arma de destrucción masiva en tu familia, tienes que encontrar dentro de ti la voluntad y la fuerza para luchar y no permitir que tu familia sea una víctima de la guerra. El hecho de que tu hijo participe en la conducta homosexual hoy en día no significa que esto haya consolidado su futuro, sin importar su edad o cuánto tiempo haya estado involucrado en la homosexualidad. No todo está perdido; hay esperanza, pero tienes que aprender a luchar contra el diablo y sus planes mientras él trata de destruir a tu familia, y debes hacerlo con discernimiento y astucia.

Cuando tratas con tus hijos homosexuales, sugiero que no trates esto como una campaña de "shock y pavor" donde ustedes como padres se acercan a sus hijos con "todas las armas de fuego". Para ganar esta batalla por su familia, tenemos que tratarlo más como una misión de "Operaciones Especiales", en la que tratas sigilosamente de ir detrás de las líneas enemigas e infiltrar el territorio de Satanás lenta pero seguramente, con el tiempo y con mucha oración y amor, desamparar a tu hijo de las cadenas de la homosexualidad y traerlo de regreso a casa. Recuerda que tu hijo no es el enemigo, Satanás es el enemigo; él ha capturado a tu hijo o hija. Obviamente, no hay otra opción que hacer algo.

¿Harás esto perfectamente? Por supuesto que no, pero en palabras de Theodore Roosevelt: "Lo mejor que puedes hacer es lo correcto, después de eso lo mejor que puedes hacer es lo incorrecto, y lo peor que puedes hacer es nada". A menudo los padres me preguntan qué deben hacer o decir cuando su hijo revela por primera vez la información devastadora de que es atraído por el mismo sexo o ya está involucrado en el comportamiento homosexual. ¡Mi respuesta es "involúcrate"! En cualquier otra área de la vida de tu hijo, desde que nacieron, tú deliberadamente interviniste para proteger a tu hijo si él o ella estaba involucrado en cualquier otro tipo de comportamiento destructivo; no hay manera de que te sientes y no hagas nada, entonces deberías involucrarte también en el caso de la homosexualidad.

Tú y tu hijo pueden haber recibido una bala o dos y han sufrido algunas heridas en esta guerra que Satanás ha iniciado, pero nadie en tu familia necesita ser una víctima. Sigamos adelante con este tipo de corazón y actitud de lucha que dice: "Satanás pudo haber comenzado esta pelea, pero el Señor y yo vamos a terminarla, no importa cuánto tiempo se tarda".

Las cinco etapas de luto

En 1969, la psiquiatra suiza Dr. Elisabeth Kübler-Ross publicó su libro pionero titulado Sobre la muerte y los moribundos. En él, discute lo que ahora se conoce como el "modelo de Kübler-Ross" - una teoría basada en su trabajo con enfermos terminales en la que describe las cinco etapas de luto que uno experimenta cuando descubre que va a morir pronto: la negación, la ira, la negociación, la depresión y la aceptación. Por supuesto, las personas que se enfrentan a pruebas menos graves que la muerte inminente pueden someterse a este ciclo de duelo en cinco etapas también: la pérdida de un trabajo o un hogar, el divorcio y la lucha por la bancarrota son algunos ejemplos.

Ciertamente recibir la noticia de que su hijo es homosexualmente atraído y quizás está participando en la actividad homosexual es otra; la pena que sufre un padre es muy real y poderosa. He oído a los padres decir que cuando descubrieron esta información, sintieron como si una parte de ellos hubiera muerto. ¿Es una exageración? No lo creo.

Una madre entristecerá la pérdida del sueño de la boda de su hijo o hija (por lo menos el tipo que había imaginado durante mucho tiempo) y lo más probable es la alegría final de ver a su hijo o hija tener sus propios hijos, lo que significa que no habrá nietos que puede amar y acurrucar. Los padres se afligirán la pérdida de continuación del nombre de la familia a través de su hijo. Es una afirmación verdadera que descubrir que tu hijo es atraído por el mismo sexo y posiblemente homosexual es bastante devastador, y todos los padres pasarán por las mismas cinco etapas de dolor a un grado u otro. Independientemente del punto donde te encuentres en este proceso, es importante responder a tu hijo de una manera servicial, amorosa y respetuosa.

Una cosa que puede ser útil saber: no importa cómo tu mundo se ha puesto al revés, la intención de tu hijo nunca fue causar ningún daño o dolor. En el momento en que ha venido a decirte sus noticias, habría pasado mucho tiempo en el pensamiento, en lágrimas, en el autoexamen y probablemente en la oración. Sé que revelar mis atracciones del mismo sexo a mi familia fue uno de los momentos más aterradores de mi vida, y escucho este mismo sentimiento de discípulos atraídos por el mismo género todo el tiempo. Tomo llamadas regularmente de adolescentes que se preguntan cómo pueden compartir esta información sin herir a sus padres o hermanos. Cartas como la que se incluye al principio de este capítulo son solamente un ejemplo del tipo de miedo y confusión que experimentan los hijos atraídos por el mismo sexo cuando quieren contar a sus padres de su lucha:

> Quiero hacerles saber, pero tengo miedo porque quiero que todavía me quieran, y quiero que sepan que todavía soy un buen chico...Yo no sé cómo simplemente darles noticias así. ¿Puedes ayudar a mis padres y a mí?

Desgarrador, ¿no es cierto?

Por supuesto, hay poco que se puede hacer para aligerar el golpe inicial, pero espero que encuentres algo de paz en saber que causar este tipo de interrupción en tu vida nunca fue la intención. Tu hijo te ama más allá de las palabras y espera que tú te sientas de la misma manera acerca de él, incluso después de haber compartido tan abiertamente sobre esta parte de su vida.

Enfócate en tu propia salud

El Señor está tan preocupado por tu propio bienestar espiritual como lo es por tu hijo. Él está manejando y manipulando eventos en tu vida también: él está gentilmente y amorosamente obrando, tratando de usar estos eventos para madurar y hacerte crecer en la semejanza de su Hijo. Tu hijo no es el único en quien Dios está trabajando aquí. ¿Por qué no permites que este viaje sea un beneficio poderoso, afectando el crecimiento positivo en tu vida y las vidas de tus familiares?

Para poder recibir apropiadamente esa clase de atención divina y avanzar con intención y propósito en la vida de tu hijo, tienes que estar sano, porque es muy probable que vayas a estar en un viaje muy largo con tu hijo o hija. Mientras que puedes estar en un estado de shock al principio e incluso encontrarte sufriendo espiritualmente debido a este desafío, no tienes la libertad para permitir que eso sea tu realidad a largo plazo. Este no es un tiempo para alejarte del Señor como Satanás tan desesperadamente desea. Odio decir lo obvio aquí, pero si no has sido conocido como un guerrero de oración en tu vida cristiana, este es el momento de comenzar; y si has sido uno, este no es el momento de parar.

Ora por ti mismo. Ora para que tú y tu cónyuge estén más cerca que nunca y que trabajen como un equipo para guiar a su familia a través de este desafío. Ora para que tus otros hijos crezcan más cerca a Dios a través de esto. Ora para que Dios use esta área de desafío en tu vida para alentar y ayudar a otras familias que están pasando por las mismas pruebas. Si tu hijo o hija tiene actualmente un compañero, ora por él o ella, porque también esta persona es un alma perdida y una de las víctimas de Satanás en este conflicto espiritual.

Estrategias útiles para usar con tu hijo

A menudo, cuando estoy hablando con los padres de hijos atraídos homosexualmente, les pido que me cuenten acerca de su hijo o hija, y yo más a menudo recibo una descripción de alguien que es: dotado, talentoso, intuitivo, creativo, sensible, un campeón de los oprimidos, elocuente y alguien que tiene muchos amigos. ¿Quién no quiere que su hijo se describa así? Los padres de los adolescentes con atracciones por el mismo sexo, sin embargo, al usar este tipo de lenguaje afirmativo al describir a sus hijos, a menudo añaden que él o ella también es muy inmaduro. La inmadurez es sólo una señal de que hay algunos déficits de desarrollo, algunos problemas que nunca se resolvieron completamente en su infancia.

Porque en su esencia la homosexualidad es un asunto relacional y no sexual, los asuntos subyacentes tienen mucho más que ver con el crecimiento y el desarrollo que con cualquier otra cosa. En otras palabras, algo no se formó en la medida que debería durante sus años más formativos. Por alguna razón (de nuevo, hay muchos factores que contribuyen), tu hijo no experimentó todo el amor, la afirmación y la validación de su verdadero ser y género - ya sea en la familia o con los amigos, o incluso dentro de sí mismo - y por lo tanto creció con lagunas en su crecimiento emocional y confusión alrededor de su identidad. Cuando esto sucede, resulta en que el adolescente busca maneras de llenar esos vacíos emocionales.

La Dra. Janelle Hallman es una experta internacionalmente reconocida en el área de la homosexualidad femenina y la dependencia emocional y autor del libro El corazón de la Atracción al Mismo Sexo Femenina, que recomiendo encarecidamente. En una conferencia presentada por la Dra. Hallman a la que asistí personalmente en 2007, ella habló ampliamente sobre los métodos que usa cuando aconseja a los padres de hijos atraídos por el mismo sexo. Las estrategias presentadas en el resto de este capítulo se atribuyen a su trabajo en este campo y se combinan con mis propios pensamientos basados en mis propias experiencias personales con este tema.

Cuando el hijo se involucra en una relación de afirmación y cariño con el mismo sexo, se siente como si estuviera satisfaciendo sus deficiencias de desarrollo. Esto se vuelve problemático porque si todavía hay una necesidad legítima de tener una relación cariñosa que sea con los padres o amigos. Una relación sexual nunca puede proporcionar lo que sólo puede proporcionar una relación con la madre, el padre o una amistad del mismo sexo no sexual. Esta es la razón por la que los hombres y mujeres homosexuales a menudo van de una relación a otra: porque están tratando de satisfacer legítimas necesidades emocionales de una manera que nunca será capaz de llenar estos vacíos. ¿Se pueden satisfacer estos déficits de desarrollo adecuadamente luego en la vida? Sí, la buena noticia es que el desarrollo de todos es fluido. La verdad es que, sin embargo, hay métodos que funcionan y métodos que no funcionan; la homosexualidad es un método que en última instancia no funciona porque nunca llenará esos vacíos.

Lo que puede funcionar es cuando un padre es capaz de proporcionar un ambiente donde el hijo todavía puede adquirir los componentes de desarrollo que faltan más tarde en la vida. Al convertirse en alguien que está dispuesto a trabajar en las habilidades y técnicas de comunicación que fortalecen el apego con su hijo, en realidad le ayuda en su proceso de formación, crecimiento y curación. Al hacerlo, estará ofreciendo una calidad de apego y amor que es terapéutico y ayuda a resolver algunas de estas deficiencias emocionales subyacentes que provocaron las atracciones del mismo sexo en primer lugar. Estas son simples estrategias que cualquier padre puede usar que con el tiempo se han probado ser muy útiles. El objetivo de compartirlas aquí es ayudar a prevenir que su hijo o hija tenga la sensación de ser el paciente o el proyecto de la familia identificado como alguien que tiene que estar "compuesto", mientras que al mismo tiempo mantener el diálogo abierto entre tú y tu hijo.

¿Usando estas o cualquier otra técnica "cura" a su hijo de atracciones homoeróticas? Lo más probable es que no, ya que hay quienes afirman haber logrado este tipo de recuperación completa (donde las atracciones homosexuales desaparecen completamente y se alcanzan las atracciones heterosexuales totales), estos casos son extremadamente raros. Para la mayoría, la eliminación total de la atracción por el mismo sexo no se realizará en este lado del cielo, independientemente de los métodos o terapias que se empleen. Eso, sin embargo, no significa que no deberíamos esforzarnos a fomentar la curación y la integridad donde es posible para nuestros hijos. En este sentido, de hecho, un padre que es verdaderamente un padre nunca es libre.

Dra. Hallman también ofrece los siguientes pasos que pueden fortalecer tu apego con tu hijo y ayudar a traer la curación. Este consejo es muy práctico para cualquier padre, aunque el lenguaje está dirigido específicamente al padre de un hijo atraído por el mismo sexo.

1. Concéntrate en los dones y talentos de tu hijo.

Haz una lista de los dones y talentos de tu hijo. Que sea lo más completa y extensa posible. Cuando te desanimes y te sientes abrumado, y a veces esto será a diario, consulta esta lista; léela y aprecia todas las bendiciones de Dios. Esto es importante porque, a menudo en medio de días difíciles y oscuros, cuando la esperanza parece muy lejana, puede ser fácil olvidar lo maravilloso que es realmente este hijo tuyo. Te ayudará a recordar que su atracción por el mismo sexo es sólo una pequeña parte de su vida, no su identidad completa, y que hay mucho de él que amas y del cual puedes agradecer a Dios.

2. Sé afirmativo.

Es posible que los hijos puedan crecer en un hogar estable, amoroso y no asimilar la afirmación que los padres intentaron proporcionar a través de los años. También es posible que en medio de llevar vidas ocupadas y agitadas, pasemos por alto las palabras de afirmación para nuestros hijos. También es común que los estilos de crianza han pasado de generación en generación y ofrecer palabras de afirmación regularmente no ha sido el tipo de intercambio que es una parte consistente de tu diálogo familiar. Sea cual sea el caso, ya que intencionalmente avanzas, independientemente de la edad de tu hijo - si tiene catorce o cuarenta años - necesitas encontrar un montón de oportunidades para animarle con palabras de afirmación.

Cuando lo ves demostrando cualidades y rasgos de bondad y compasión, no dejes que esos tiempos pasen sin comentar cuánto amas esa parte de él y qué tan orgulloso estás de él. Puedes hacer esto incluso cuando tu hijo está en una relación homosexual y presencias cómo él muestra compasión o amabilidad a su pareja, ya que eres libre de amar a tu hijo por la persona en que se ha convertido, aunque no apruebes todas las decisiones que ha tomado para su vida. No tengas miedo de afirmar el hecho de que tu hijo es un individuo que da y cuida. Esa es una parte válida y verdadera de su carácter, y representativa del carácter de Dios. Deja a tu hijo saber que has notado las cualidades asombrosas de su corazón y que estás orgulloso de la persona en que se ha convertido. Si este tipo de apoyo verbal no ha sido tradicionalmente una parte del diálogo en las relaciones con tus hijos, está bien; la buena noticia es que puedes empezar hoy.

3. No trates de explicarle a tu hijo su homosexualidad.

Como un hombre cristiano adulto atraído por el mismo sexo, he experimentado mucho éxito en la superación de mis tentaciones, sentimientos y emociones homoeróticas, sin embargo, mientras he tenido mucha victoria a través de los años, ha tomado innumerables horas de oración, estrategias, discusión, confesión, estudio y autodisciplina, junto con una confianza total en Dios, para lograr ese éxito. Ha tomado luchas conmigo mismo, con Satanás y con Dios. Ha sido la batalla de mi vida. Ha tomado todo lo que tengo y aún más. Pensar que mi lucha de cuarenta años con la atracción por el mismo sexo podría reducirse a una simple explicación y un poco de razonamiento deductivo sería ofensivo y también me confirmaría que no aprecias el hecho de que mi orientación sexual esté incorporada en mi desarrollo como hombre. No es algo que puede ser activado o desactivado a voluntad o fácilmente cambiado. Si pudiera haber descubierto una manera de cambiarlo, confía en mí, yo lo hubiera hecho.

Los padres necesitan aceptar el misterio con sus hijos atraídos por el mismo sexo -especialmente si son de edad adulta - y simpatizar con la complejidad de sus vidas. No estoy diciendo que debemos retroceder de tener conversaciones profundas con nuestros hijos sobre este tema o que deberíamos desalentar la búsqueda de respuestas. Si tu hijo o hija está en un lugar en la vida donde está dispuesto a hacer esto contigo, ¡eso es increíble! Lo que estoy diciendo, sin embargo, es que tenemos que tener cuidado de no ofrecer explicaciones simples y dogmáticas a un asunto tan complejo.

4. Conoce tu propia historia.

Haz una evaluación: ¿tienes problemas de intimidad, o has sufrido un patrón de vínculos rotos en tu propio pasado? Es muy posible que puedes estar careciendo de algunas habilidades que pueden ayudarte a establecer un vínculo con tu hijo o él contigo. Si ves en tu propio pasado, por ejemplo, una historia que incluye el abandono, el divorcio, la depresión, la enfermedad mental, la separación o incluso la muerte de tus propias relaciones padre-hijo, es probable que haya algo en tu propia vida que tal vez deberías investigar para que puedas conectarte con tus propias decepciones y pérdidas. Sé consciente de tu propia historia; esto te ayudará a conectar con tu hijo/a si él o ella percibe que ha sufrido diferentes tipos de abandono en su propia vida. Si puedes conectarte con tu propio dolor, puedes conectarte más fácilmente y sentir empatía con el dolor de tu hijo.

5. Ten aceptación incondicional y radical.

Permíteme definir primero a qué me refiero cuando uso la palabra "aceptación". La aceptación no es lo mismo que la aprobación, la tolerancia o el consentimiento de un comportamiento. Puedes aceptar y reconocer en tu propio corazón las realidades actuales que tu hijo está experimentando, sin aprobar, tolerar o consentir sus decisiones o acciones. La aceptación incondicional, radical es una actitud que dice, "amaré a mi hijo como él es. Yo aceptaré todos los aspectos de su vida, apreciando que está roto y caído en este mundo pecaminoso, y lo amaré a lo mejor de mi capacidad". Tener esta actitud es importante porque la homosexualidad es un tema tan estigmatizado. Podría ser fácil transmitir que vamos a retener nuestra aceptación a nuestro hijo a menos que ya no sea atraído sexualmente por el mismo género.

Ciertamente, esto no es lo que Jesús pensaba de la gente. Era capaz de ver lo peor en los hombres y las mujeres y sin embargo los aceptaba hasta el punto de estar dispuesto a tener comunión con estos "pecadores" y a amarlos. Evidentemente, no aprobaba las decisiones y acciones que estos ladrones, borrachos y prostitutas habían hecho con sus vidas, pero volvió el mundo religioso al revés por su deseo de aceptar incondicionalmente por quienes eran en esa etapa de su vida; él realmente amó y cuidó de ellos a pesar de su rotura extrema. Su aceptación de ellos - su disposición a estar con ellos, a dialogar con ellos, a comer con ellos, a divertirse con ellos - no se estableció en una escala móvil basada en su justicia o su disposición a arrepentirse o incluso a escuchar su mensaje . Es este mismo corazón y actitud que necesitamos extender a nuestros hijos cuando están involucrados en comportamientos que no son representativos de lo que Dios quiere.

Como padre, nuestro objetivo debe ser aceptar incondicionalmente quiénes son nuestros hijos y amarlos, ya sea que cambien o no. Puedes ser tolerante, amable, gracioso, tierno, cariñoso, divertido, un amigo fiable y confidente para tu hijo. Un día, tu hijo puede ver su homosexualidad como pecado y querer arrepentirse y entregar su vida al Señor y vivir según el estándar de la biblia sobre la sexualidad, o puede que no. No retrocedas en tu afecto o lo que hacías para él y con él antes de estar al corriente de su homosexualidad. Esto no es aprobar la homosexualidad; es amar a tu hijo o hija a la manera de Jesús - y una de las maneras primarias para que ayudes a liberar a tu hijo de las cadenas de la homosexualidad.

Tu meta en tu comunicación cotidiana con tu hijo no es continuamente insistir que la homosexualidad es incorrecta o pecaminosa. Recuerda, esto no es una campaña de "conmoción y pavor". No estoy sugiriendo que permanezcas en silencio sobre la ética sexual bíblica, pero lo más probable es que tu hijo adulto ya estará bien enterado de la visión bíblica. Si el tono general de tu discurso es uno de confrontación, oposición, corrección o falta de voluntad para aceptar su condición actual, tu hijo no responderá y probablemente evitará hablar contigo tanto como pueda.

No te concentres en lo que ves

Por último, permíteme pedirte que te concentres en lo que dice la Palabra, no en lo que ves. A veces lo que verás con tus ojos físicos es el caos y el desorden, cualidades realmente satánicas y características de la homosexualidad. Como cristianos, necesitamos ser capaces de ver con nuestros ojos espirituales; esto sólo puede hacerse concentrándose en la palabra de Dios y las verdades que encontramos allí. Reivindica y acepta las escrituras como Jeremías 33:3, que dice: "Clama a mí y te responderé, y te daré a conocer cosas grandes y ocultas que tú no sabes," Hebreos 11:1 que audazmente reclama una declaración necesaria para cada padre: "Ahora bien, la fe es la garantía de lo que se espera, la certeza de lo que no se ve", y 1 Pedro 5:6-7, que dice: "Humíllense, pues, bajo la poderosa mano de Dios, para que él los exalte a su debido tiempo. Depositen en él toda ansiedad, porque él cuida de ustedes."

Sigue Ofreciendo Semillas de Reconciliación

Debido a que este es un viaje que podría tomar años, ora para que puedas complementar tu tiempo de participación intencional con el tiempo del Señor. Puede implicar pasar tiempo juntos en un ambiente donde el elefante proverbial en la habitación es invisible: donde tú y tal vez toda tu familia pueden participar en actividades que traen recuerdos positivos, o simplemente estar juntos donde el tema "gay" no se menciona. Podría involucrar la moderación de tu parte para no plantear el tema y negar el impulso de "entender" a su hijo.

Independientemente de lo que suceda, sigue ofreciendo semillas de reconciliación a tu hijo. Tu relación con tus hijos es preciosa. Valórala como tal y sé decidido a convertirla en un lugar de reconciliación, no de condena.

Por lo tanto, si alguno está en Cristo, es una nueva creación. ¡Lo viejo ha pasado, ha llegado ya lo nuevo! Todo esto proviene de Dios, quien por medio de Cristo nos reconcilió consigo mismo y nos dio el ministerio de la reconciliación: esto es, que en Cristo, Dios estaba reconciliando al mundo consigo mismo, no tomándole en cuenta sus pecados y encargándonos a nosotros el mensaje de la reconciliación.

2 Corintios 5:17-19

Hay mucho de bueno que puede venir de esto: tu matrimonio puede mejorar, tu compasión por otros que son débiles y en los márgenes de la vida puede expandirse, tu caminar con Dios puede llegar a ser más profundo y más significativo y tu capacidad de asesorar a otros puede crecer. No dejes que la homosexualidad de tu hijo sea algo que te aleje del Señor; que sea algo que te traiga más cerca. No dejes que arruine tu vida; úsalo como una oportunidad para fortalecerla.

Finalmente, sería algo muy positivo para la mayoría de los padres recordar que su hijo va a luchar con algún tipo de quebrantamiento en su vida. Es posible que desees privadamente que no era la homosexualidad, pero la verdad es que, si no fuera esto, iba a ser otra cosa. Para un padre de un hijo heterosexual asumir que debido a que su hijo no está lidiando con problemas de identidad sexual que de alguna manera ha esquivado una bala estaría equivocado. Si ha esquivado una bala en asuntos de identidad sexual, entonces puedes estar seguro de que otra bala ha dado en el blanco. Por lo tanto, si puedes aprender a relajarte - recuerda, ya has entregado a tu hijo a Dios - y estar dispuesto a aceptar que esta es tu vida y que tu hijo o hija es homosexualmente atraído y muy probablemente con un compañero, te ayudará mucho en la creación de un entorno donde puede haber más discusión. Sin duda, tú fomentarás el aprecio de tu hijo de que lo amas y lo aceptas, a pesar de que es consciente del hecho de que no apruebas lo que está haciendo.

Es un hecho que no puedes ayudar a cambiar lo que te niegas a aceptar como realidad. Para mantener la comunicación fluida, será importante mantener un diálogo contigo mismo, como: "Veo a mi hijo ahora mismo por lo que me dice que es, porque quiero conectar con él." Ten una actitud que dice: "Vamos a caminar el uno al lado del otro, mano a mano con mi hijo o hija, aunque no estemos de acuerdo". Recuerda que tu hijo homosexual no es actualmente un cristiano, así que no esperes que viva como uno. No comuniques una actitud que diga que reconoces que él es pecador pero que solo lo aceptarás si no peca. Dios nos da a cada uno la libertad de tener éxito y fracasar, y tenemos que ofrecer la misma libertad a nuestros hijos.

Como padre y como creyente, te ofrezco este consejo en amor, con compasión por ti y por tu hijo, con sinceridad, en esperanza y en fe que Dios moverá tu corazón y sanará el sufrimiento y el dolor que estás experimentando. Creo con todo mi corazón que él es capaz de hacer inmensurablemente más de lo que podemos preguntar o imaginar. Es mi esperanza y oración que a medida que avanzas, permitas que el Espíritu Santo guíe la vida de tu hijo o hija y que la decisión de liberarte de la culpa sea como una brisa fresca y espiritual en tu vida. Dios se está moviendo en el mundo de su hijo, y él se está moviendo en el tuyo. Mantente asombrado de las milagrosas maneras en que Dios está trabajando y alábalo por eso. Nadie sabe exactamente lo que estás experimentando, excepto Dios. Aunque sea una situación incierta, por muy sombría que sea, sabemos que Dios es sobre todo y por medio de todo y en todo, y que él es la autoridad suprema sobre todas las cosas. Él ama a tu hijo más de lo que incluso tú puedes imaginar.

Recursos

1. Joe Dallas, *When Homosexuality Hits Your Home* (Eugene, OR: Harvest House, 2004).

2. Stanton L. Jones and Mark A. Yarhouse, *Homosexuality: The Use of Scientific Research in the Church's Moral Debate* (Downers Grove, IL: InterVarsity Press, 2000).

3. Janelle Hallman, *The Heart of Female Same-Sex Attraction: A Comprehensive Counseling Resource* (Downers Grove, IL: Inter-Varsity Press, 2008).

4. Anne Paulk, *Restoring Sexual Identity: Hope for Women* (Eugene, OR: Harvest House, 2003).

5. Mark A. Yarhouse and Lori A. Burkett, *Sexual Identity: A Guide to Living in the Time Between the Times* (Nueva York: University Press of America, 2003).

6. Ver www.instituteforhealthyfamilies.org.

7. Janette Howard, *Out of Egypt: One Woman's Journey Out of Lesbianism* (Howard Books, 2001)

8. Wesley Hill, *Washed and Waiting: Reflections on Christian Faithfulness and Homosexuality* (Zondervan, 2010).

Capítulo Seite

Cómo compartir su fe con la gente LGBTQ

Si sólo tienes un martillo, tiendes a ver cada problema como un clavo.

—Abraham Maslow, Psicólogo americano

No tenía ni idea en qué me estaba metiendo; no hice muchas preguntas sobre quién sería la audiencia. Yo estaba emocionado de haber sido invitado a hablar. Mi ministerio era relativamente nuevo y en su mayoría desconocido, y salvo algunas invitaciones, hasta ese momento yo no había hablado mucho en público sobre el tema. Así que cuando recibí la llamada para viajar a New Brunswick, Nueva Jersey para dar una conferencia en la Universidad Rutgers sobre el tema de "Cristianismo y Homosexualidad" en nombre de un ministerio del campus de la iglesia allí y una organización escolar llamada "Campus Advance", yo dije que sí. ¿Qué podría salir mal? Mi suposición era que la audiencia estaría compuesta sobre todo de los estudiantes cristianos amistosos y acogedores que estarían deseosos de oír mi historia sobre cómo había ido de ser un homosexual a un cristiano, junto con algunas de mis filosofías en ayudar a otros hacer igual. Pero ese no era el propósito principal detrás de la invitación en absoluto, ni la audiencia era la clase que yo esperaba.

En lugar de solo querer escuchar mi testimonio (¿y por qué no querrías hacer eso?), este pequeño ministerio universitario cristiano de unos veinticinco estudiantes ávidos y entusiasmados trató de usar este tema altamente polémico, discutido y divisivo como una oportunidad para tener un impacto en su campus, como un evento evangelístico. Colgaron

129

carteles y con valentía invitaron a tantas personas como pudieron, pero una vez que se corrió la voz, su evento venidero no fue bien recibido. Puedo entender por qué.

Sólo unos meses antes de mi llegada, la extremadamente antagónica Iglesia Bautista de Westboro, una iglesia bautista independiente de Kansas conocida por piquetes en los funerales de los soldados estadounidenses, profanando la bandera americana y llevando letreros odiosos y repugnantes que decían cosas como "Dios te odia" y "Dios odia a los homosexuales", había llegado a la Universidad Rutgers para celebrar su propio evento y diseminar su mensaje ridículo.

Los estudiantes y la facultad de Rutgers salieron en gran número para pacíficamente reunirse contra este grupo, llevando sus propios letreros de paz y amor: sentimientos que realmente encarnan el verdadero mensaje cristiano. ¡Qué bueno de su parte!

Así que cuando salió la palabra en el campus que un evangelista cristiano de Canadá estaba llegando a hablar sobre el cristianismo y la homosexualidad, la suposición inmediata era que yo iba a venir con mi propio mensaje de intolerancia y odio de la misma manera que acababan de experimentar, que por supuesto era lo más lejano de mi corazón, mi mente y mi mensaje.

Nunca olvidaré la llamada que recibí una semana antes de que viajara a Newark. El ministro del campus dijo: "Espero que hayas tenido buenos tiempos de oración con Dios esta semana". No confiando demasiado en lo espiritualmente significativo que habían sido en realidad (había sido una semana difícil), dije tímidamente: "Ah, han estado bien, supongo. ¿Por qué?" Bueno, porque hay mucha gente molesta por tu venida. Algunos estudiantes van por el campus derribando anuncios del evento. Se está corriendo la voz, y hay gente que planea atender y protestar en su discurso e incluso interrumpir la reunión si fuera necesario".

De repente, al darme cuenta de que me estaba metiendo en algo que no había planeado o experimentado antes, rápidamente inicié una conversación sobre qué tipo de seguridad sería necesaria para mi bienestar físico; ¿sería suficiente la policía universitaria o sería aconsejable pedir al departamento de policía local de New Brunswick que tuviera un oficial o dos a mano? Por lo menos, esperaba que uno de los chicos del ministerio del campus fuera un fisicoculturista que fácilmente intimidaría a cualquier atacante enloquecido; ¿tal vez podría estar a mi lado?

Hubo risas en esa llamada, pero fue una risa incómoda por mi parte. ¿Qué había acordado? Hasta este punto, mi audiencia se había formado de iglesias y grupos de liderazgo de la iglesia. Era territorio seguro; quiero decir, incluso si haces un trabajo realmente malo, los cristianos tienen la bondad de decirte que lo hiciste bien de todos modos y de agradecerte por venir. Pero en este evento, al parecer, estaría hablando a una gran audiencia que en su mayoría eran hombres y mujeres airados compuestos por lesbianas, gays, bisexuales, transexuales y homosexuales (LGBTQ) y sus partidarios, que estaban enojados de que yo estaba allí y listos para dejarme saberlo.

¡Es increíble lo rápido que mis momentos personales de oración con Dios de repente mejoraron! Hice muchas oraciones durante la semana siguiente, pidiendo a Dios que me diera sabiduría y discernimiento y el lenguaje apropiado para tender puentes que necesitaría para traer el verdadero mensaje de Dios y la ética sexual bíblica a este grupo de personas de tal manera que realmente quieran escucharme.

Recuerdo entrar en el auditorio de 200 asientos y conocer a los aproximadamente veinte a veinticinco estudiantes del campus cristiano que acogieron el evento. Cuán inspiradores eran para mí, qué valientes y fieles de ellos para hacer esto. ¿Fue posible elegir un tema más acalorado y polémico para tratar, sobre todo en un campus universitario?

El resto del teatro rápidamente se llenó hasta la capacidad. Cuando la gente entró, algunos con carteles, algunos llevando camisetas con arco iris y consignas promoviendo los valores LGBTQ, pensé que sería prudente ser algo proactivo y dejar que la gente sepa desde el principio qué clase de hombre soy: una persona de tipo muy amable ¡Alguien con quien ellos no quieren enojarse ni protestar! Así pasé por la sala - fui de fila a fila - presentándome y tratando de dar la mano a la gente, pero la mayoría no querría tener nada que ver conmigo. Estaba claro que mi buena apariencia y personalidad maravillosa no iba a ser suficiente para calentar el frío en esa habitación.

Teniendo en cuenta que yo estaba hablando sobre el tema de la homosexualidad desde la perspectiva cristiana a una audiencia formada mayormente por personas que abiertamente no se aferran a esa cosmovisión bíblica, yo era vulnerable a toda una serie de estereotipos y estaba en contra de las normas culturales que la mayoría en la sala celebraba. Estaba claro que iba a ser una noche difícil. Podrías cortar la tensión en esa sala con un cuchillo.

Hice dos discursos de cuarenta minutos esa noche, con un tiempo de preguntas y respuestas para después. Era simplemente increíble ver cuán poderosamente Dios trabajó esa noche. Cuando llegó el momento de que se hicieran preguntas, con calma, paciencia, amabilidad y sinceramente, respondí con toda mi habilidad. Tantas manos se levantaron para preguntas o comentarios que habría sido imposible responder a todos. Como sucede, creo que el Espíritu Santo me guió a escoger la que más importaba: la de una joven que formaba parte de un grupo llamado "LLEGO": the Lesbian, Gay, Bisexual, Transgendered, Queer, Questioning, Intersex and Ally People of Color Organization (la Organización Lesbiana, Gay, Bisexual, Transgénera, Homosexual, Interrogadora, Intersexual y Gente Aliada de Color) en la Universidad Rutgers. Se puso de pie y dijo que ella y muchos de su grupo habían venido a pelear; que se habían estado preparando varios días para discutir conmigo, pero después de oír el mensaje que yo di esa noche, no había nada que decir sino que nunca había oído hablar de este tipo de cristianismo. Ella dijo que si esto era realmente lo que era él, a pesar de que no estaba interesada en convertirse en cristiana ella misma, era un mensaje que todo el mundo necesitaba oír. Luego me dio las gracias por venir y se sentó. Esa fue la última pregunta a la cual necesitaba responder. No hubo pelea, ningún argumento, ninguna interrupción, ningún ataque, ninguna seguridad necesaria. La noche llegó a su fin, y muchos de los que ni siquiera me dieron la mano cuando llegaron al principio vinieron y me encontraron y compartieron sus historias, y algunos incluso me abrazaron mientras expresaban su gratitud.

El periódico del campus de la Universidad Rutgers Daily Targum informó sobre el evento, y en ese artículo, Shawanna James, copresidenta del grupo LLEGO fue citada diciendo: "Fue bueno tener una perspectiva diferente que no he oído hablar del cristianismo. Creo que fue genial que muchas personas de la comunidad LGBT vinieron a escuchar esto".[1]

Las personas que conocí esa noche (al final) fueron cálidas, amables y deseosas de tener un diálogo respetuoso. Su comportamiento cuando llegaron por primera vez no se basó en quiénes son como personas, sino en cómo han sido maltratados por muchos que se llaman "cristianos" y que no han representado adecuadamente el mensaje de amor de Jesús. Salí esa noche con un profundo respeto por estos hombres y mujeres. Para muchos en la comunidad LGBTQ, ellos creen que el cristianismo está compuesto en gran parte de fanáticos, homófobos y conservadores de derecha que son atrasados e ignorantes; tristemente, algunos cumplen ciertamente con esa descripción. Lo que yo quería que supieran en esta noche era que más allá de esas pocas personas hay verdaderos hombres y mujeres cristianos que verdaderamente se preocupan por la comunidad LGBTQ y que están ansiosos por tener un discurso respetuoso mientras comparten las enseñanzas de Jesús y la ética sexual bíblica.

El mensaje que ofrecí aquella noche es lo que quiero compartir contigo aquí mientras te ofrezco mis pensamientos sobre cómo compartir tu fe y las buenas nuevas de Cristo con las personas gay y lesbianas, algunas que trabajan contigo, otras que son tus compañeros de clase y algunos de los cuales son tus vecinos y amigos.

Empieza con tu actitud

Antes de abrir la boca para hablar, tu corazón, mente y sentimiento necesitan armonizarse con estas siguientes verdades si quieres el diálogo en el cual estás a punto de participar sea de buen gusto (Colosenses 4:6) y relevante:

1. Toda persona necesita ser tratada con dignidad, amabilidad y respeto, sin importar por quiénes están atraídos, cómo eligen vivir sus vidas o lo que creen con respecto a la expresión sexual y asuntos de fe.

2. El tema tiene que ver con la gente, no la orientación sexual.

Con demasiada frecuencia, siempre que la iglesia habla de la homosexualidad, es en el contexto de algo a lo que se opone, pero cuando la iglesia habla de la homosexualidad debería hablarse en el contexto de las personas. . .

Tenemos que ver más allá de gay, ver más allá de lesbiana y ver a una persona. Podemos actuar o dar la impresión, queramos o no, como si el sexo o la atracción sexual fuera el único factor determinante en un ser humano. Es un factor importante, pero no es toda la identidad de alguien... Muchos cristianos piensan que no tienen ninguna relación personal cercana con los homosexuales, y sus perspectivas y actitudes han sido influenciadas por una experiencia interpersonal: las cosas que han leído u oído, o visto en la televisión, o en las noticias. Pero detrás de los titulares, detrás de las caras en una pantalla, hay las vidas de hombres,

133

mujeres y jóvenes reales que navegan la realidad de la atracción por el mismo género en una sociedad que la convierte en una constante batalla ardua. Más allá del campo del discurso teórico, los argumentos, la defensa de su posición, las batallas políticas y la elección de uno de los dos lados, se encuentran personas reales, con aflicciones reales, sueños, dones, talentos, familias, carreras, alegrías, tristezas, facturas, exámenes, amores y vidas.[2]

3. Muchos gays y lesbianas quieren conocer a Dios. Es una idea errónea que no hay homosexuales interesados en asuntos de fe y la biblia.

4. Los cristianos no tienen todas las respuestas sobre este tema. Aunque Dios ha definido claramente que la homosexualidad es pecaminosa, más allá de esa realidad, hay poco que la biblia trata sobre el tema. Además de algunas referencias indirectas a la homosexualidad como la historia de Lot (Génesis 19, Judas 7, 2 Pedro 2:6-7), la Biblia en realidad sólo habla de la homosexualidad directamente cinco veces (Levítico 18:22, 20:13, Romanos 1:26-27, 1 Corintios 6:9-10 y 1 Timoteo 1:9-10) y ciertamente no habla de la causalidad. Hay muchas, muchas influencias que contribuyen a por qué alguien tiene atracciones homosexuales, y ni la biblia ni la ciencia ha dado ninguna respuesta definitiva en este sentido. Casi la única cosa que sabemos con seguridad es que nadie elige ser atraído homosexualmente. Esto significa que tendrás que hablar con vacilación al tratar este problema. Esto significa que tendrás que ser honesto, tanto cuando tienes una respuesta disponible y cuando no. Esto significa que tendrás que estar cómodo con el hecho de que mucho que tiene que ver con este tema es ambiguo. Entender esto significa que cuando enseñas la ética sexual bíblica, se hará audazmente, sí, pero también con compasión, sensibilidad y amabilidad.

Por alguna razón, a menudo pensamos que cuando estamos hablando con un individuo atraído por el mismo sexo acerca de Dios, lo primero que debemos tratar es su orientación sexual. ¿Por qué? Allí hay una persona entera que necesitará ser transformada a la semejanza de Cristo. Este será un proceso que tomará tiempo mientras el Espíritu Santo obre en la vida de esta persona para guiarle a la convicción. Seguramente debe haber otros temas y problemas que puedes cubrir y enseñar, ¡además de sus atracciones sexuales! Por supuesto, finalmente llegarás a lo que la biblia enseña con respecto al sexo y las relaciones, pero tratar esto como primera prioridad y permitir que domine la discusión significaría que tus prioridades están fuera de control y que no estás viendo la perspectiva completa en la vida de esta persona o la voluntad de Dios para él o ella.

Si puedes conversar con la comprensión de estas realidades, eso te va a ayudar mucho en ser capaz de decir la verdad con amor.

La meta es mantener la conversación en curso

Normalmente, cuando un cristiano entra en contacto con alguien de la comunidad LGBTQ o un partidario de los derechos de los homosexuales, la primera pregunta que se hace al creyente de la biblia es algo así: "¿Qué crees tú o qué cree tu iglesia sobre la homosexualidad?" Es en este punto, justo al empezar el diálogo, que las cosas a menudo van mal y la conversación enfrenta un obstáculo importante porque el cristiano responde con más frecuencia con algo que se parece a esta respuesta:" La biblia enseña que la homosexualidad es un pecado". Fin de la discusión.

Dada esa respuesta, debemos preguntarnos: ¿por qué el interrogador querría continuar investigando los puntos de vista del cristiano sobre esta cuestión, ya que ya se ha dado una respuesta definitiva, conclusiva y final? No habría necesidad de más discusiones; la respuesta habría eliminado cualquier necesidad.

No es que la homosexualidad no sea un pecado; la respuesta proporcionada es bastante correcta: la homosexualidad es un pecado. Pero debemos preguntarnos: ¿es posible que haya veces en que el método en el que se da la respuesta es casi tan importante como la respuesta en sí? Si la respuesta impide cualquier diálogo adicional, ¿cómo se podría compartir las buenas nuevas de Jesús? Al dar la respuesta de que la homosexualidad es un pecado, ciertamente habrías ofrecido una verdad bíblica, pero seguramente hay más que ese hecho inmutable que Dios querría compartir.

Un ejemplo de mi hogar

Tengo cuatro hijos adultos jóvenes, así que los años adolescentes locos se acabaron ya y Cathy y yo los sobrevivimos en gran parte intactos; algunos golpes y magulladuras, ¡pero en general bueno! Si en sus años de escuela secundaria uno de ellos había preguntado cómo me sentía acerca de su participación sexualmente con un niño o niña en la escuela, supongo que mi primera respuesta fácilmente podría haber sido darle un sermón, enseñarle la ética sexual cristiana y luego ¡decirle que está castigado sin salir hasta cumplir cincuenta años! Pero permitir que esta sea mi primera respuesta sería superficial y de mente cerrada, en mi opinión. Si bien la respuesta sería correcta, ofrecer una respuesta tan categórica cerraría probablemente cualquier posibilidad de diálogo con mi hijo. No sería más sabio comenzar una conversación con el propósito de extraer la información importante como: ¿por qué mi niño siente esta necesidad de estar sexualmente activo con cualquier género?; ¿qué acontecimientos recientes podrían haber ocurrido en su vida para que considere este tipo de decisión?; ¿qué necesidades emocionales está tratando de cumplir participando en actividad sexual?; ¿Y ha considerado las enormes consecuencias de este tipo de decisiones que le alterarán su vida?

Ser capaz de descubrir esta información contextual me obligaría a fomentar la franqueza y la transparencia a través del diálogo, haciendo preguntas exploratorias y abiertas e incluso mostrando una apreciación de mi parte que entiendo la razón por la cual quiere estar involucrado en una relación sexual. De hecho, me daría la oportunidad única de compartir que yo estaba sexualmente involucrado cuando yo era adolescente y que he estado pagando las consecuencias de esa decisión durante décadas. He estado allí, he hecho eso; no vale la pena.

Mantener la conversación con mi hijo me permitiría decirle cómo Satanás actúa atrayéndonos con actividades que parecen divertidas y emocionantes al principio, pero que de hecho son una trampa que causará muchísimo daño, culpa y vergüenza después. Me permitiría realmente compartir mi fe con mi hijo diciéndole que tan emocionante como la actividad sexual le puede parecer ahora, si sólo puede esperar y hacerlo según el horario de Dios - cuando está casado, como el Señor ha planeado - disfrutará de las bendiciones de esa decisión para el resto de su vida. Me permitiría entonces decirle que no puedo controlar su vida 24 horas cada día, 7 días por semana como podría cuando era más joven, sé que ésta será una decisión que él, y él solo, en última instancia tendrá que hacer por sí mismo; y mientras le pido que tome en serio mis palabras sinceras de precaución y lo que la biblia enseña sobre el tema, si de hecho decide ser sexualmente activo, yo estaré allí cuando se dé cuenta de que ha sido atrapado y más importante, allí estará el Señor también.

Este tipo de diálogo me dejará decirle a mi hijo que no importa lo que haga en la vida, estaré allí para él, que nunca pensaré menos de él sin importar lo que haga, y que no importa lo que ocurra en el futuro cuando él está en problemas, los superaremos con la ayuda de Dios. Este tipo de conversación me dará tiempo para orar con mi hijo, pidiendo a nuestro Padre celestial que le dé a mi hijo o hija el valor, la fuerza y la sabiduría que necesita para que pueda enfrentarse a las fuerzas predominantes de Satanás y a las normas culturales en las que él o ella vive.

¿No crees que sería mejor responder así en lugar de simplemente decir, "No, es un pecado"?

Proverbios 20:5 dice: "Los pensamientos humanos son aguas profundas; él que es inteligente los capta fácilmente." No se "capta" nada cuando usamos nuestras palabras para cerrar la discusión, ¡incluso si la respuesta es correcta!

Teniendo en cuenta esto, ¿qué respuesta podrían ofrecer los cristianos que fomente más discursos y no desalentarlos, al hablar sobre la cuestión de la homosexualidad? ¿Qué respuesta podrían dar que ofrecieran tiempo y espacio para hablar de la esencia misma del evangelio, en vez de sabotear la discusión tan rápidamente con una rápida réplica que no deja oportunidad de hablar acerca de Jesús en la vida de la persona?

Pablo en Atenas

En Hechos capítulo 17, para proteger a Pablo de los judíos que lo seguían de ciudad en ciudad, el apóstol fue llevado secretamente a Atenas, donde esperó a que Timoteo y Silas se unieran a él. Mientras esperaba, Pablo hizo lo que cualquiera de nosotros haría hoy si fuéramos a Atenas, Grecia: se hizo turista y exploraba la ciudad. Al ver los lugares de interés, la Escritura nos dice que se sintió muy angustiado por la cantidad de estatuas e ídolos que llenaban todas partes de la capital, todos ellos "relacionados con el culto al panteón griego y su cultura era pagana. Por lo tanto, Pablo, con su odio judío de la idolatría, no podía dejar de encontrar la cultura de Atenas espiritualmente repulsiva".3

¿Cómo se manejó Pablo en esta situación? Ciertamente podría haber comenzado su discurso diciendo: "Hombres de Atenas, puedo ver que son malos y pecaminosos porque adoran los ídolos. Si no se arrepienten y se vuelven a Jesús, todos estarán condenados al infierno". No es que Pablo hubiera sido incorrecto al decir esto, pero sí nos muestra que ¡aunque tienes la verdad no significa que tienes que martillar a la gente sobre la cabeza con ella en la primera oportunidad posible! De hecho, continuando con el tema del "martillo", como Abraham Maslow, el famoso psicólogo estadounidense, tan brillantemente dijo una vez: "Si sólo tienes un martillo, tiendes a ver todos los problemas como un clavo". Maslow no se refería a maneras en que los cristianos puedan compartir su fe de manera efectiva cuando ofreció esta sabiduría erudita, pero esa analogía puede describir fácilmente a muchos cristianos y su enfoque para enseñar a la gente acerca de las buenas nuevas de Jesús, especialmente cuando se trata de este tema de como involucrar a los individuos en las cuestiones de expresión sexual y fe.

Creo que sería útil hacer una pausa y considerar cuán severamente Pablo habría sido repugnado por esta idolatría que él presenció mientras paseaba por las calles de Atenas. Sin embargo, cuando tuvo la oportunidad de hacer frente a ella, lo vemos no sólo manteniendo sus emociones y palabras bajo control, sino también haciendo muchos esfuerzos para encontrar una afinidad con estas personas con quienes él estaba tan completamente y totalmente en desacuerdo. Al encontrar un altar con la inscripción: "A un dios desconocido", Pablo pudo ahora usarlo como una apertura, una oportunidad para explicarles que este "dios desconocido" era el único, verdadero Dios, que resucitó a Jesucristo de entre los muertos (versículos 22-31).

Mediante el uso de este método estratégico y pensativo de evangelismo, ahora se le concedió a Pablo más tiempo para hablar. De esta manera, logró mantener la conversación (versículos 32-34). Incluso convirtió a los individuos a Cristo después de predicar en esa ciudad, muchos de los cuales no se habrían convertido en discípulos si hubiera comenzado con el martillo de "arrepentirse o perecer" al principio de la lección.

Lo que Pablo literalmente hizo fue comenzar la conversación reconociendo lo que los atenienses valoraban, y luego él lentamente y metodológicamente les enseñó lo que él valoraba. Con demasiada frecuencia, los cristianos esperan que la gente comience la conversación en un punto común de comprensión, pero tal expectativa es injusta y poco realista. ¿No tiene más sentido imitar el enfoque de Pablo iniciando el diálogo reconociendo dónde están nuestros oyentes y luego, sistemática y lógicamente, llevándolos a un lugar de convicción bíblica?

El enfoque de Pablo no fue un accidente. Estaba bien pensado, y haríamos bien en replicar sus métodos mientras caminamos por nuestras ciudades y experimentamos la aflicción que él experimentaba cuando vemos a la gente adorar sus propias formas de idolatría, en este caso, la homosexualidad.

Encontrar un lugar de terreno común

Entonces, ¿qué terreno común hay entre quien cree en la cosmovisión bíblica y es heterosexual y quien no cree en la ética sexual bíblica y quién es homosexual?

En un capítulo anterior ("Cómo la homosexualidad me engañó"), comenté cómo la gran mayoría de nosotros disfrutamos tomando bebidas gaseosas, aunque estudio tras estudio continúa demostrando que beber estas mezclas carbonatadas de jarabes y productos químicos es muy poco saludable para nuestros cuerpos. El hecho es que ninguno de nosotros necesitaba leer un estudio para reconocer esta realidad. La única cosa que uno tiene que hacer es leer el lado de la lata para saber que estas bebidas no son saludables para el consumo, al menos en forma regular. Entonces, ¿por qué las seguimos bebiendo? Porque saben muy bien; porque en un caluroso día de verano, pocas cosas saben mejor que una bebida gaseosa helada. El problema con estos productos, sin embargo, es que sacian nuestra sed por sólo un corto período de tiempo; no tardará mucho en volvernos sedientos. Sólo agua potable cristalina y limpia puede saciar nuestra sed física de una manera que es saludable, satisfactoria y duradera.

Esta es la misma manera en que el pecado funciona. Sabe muy bien, satisface una necesidad legítima, nos hace sentir mejor, pero sólo fugazmente. Lo único que puede ofrecer el pecado es una satisfacción a corto plazo sin satisfacernos a largo plazo. De hecho, cuando se trata de la iniquidad, siempre nos quedamos más emocionalmente sedientos que antes de que nos involucramos en la actividad pecaminosa al principio.

En mi propia experiencia, así fue como funcionó la homosexualidad. Había pocas cosas a las que me dirigí para apagar mis sedes emocionales más que a la homosexualidad. Desde mi juventud, cada vez que me sentía solo o inseguro o asustado o no amado o insignificante, aprendí a recurrir al comportamiento homosexual para satisfacer esas necesidades muy genuinas. Y funcionó. Participar en esas relaciones y actividades homosexuales me hizo sentir satisfecho, amado, cuidado, aceptado e importante. Después de un corto período de tiempo, sin embargo, siempre me quedé sintiendo aún más sediento emocionalmente, satisfecho momentáneamente pero nunca verdaderamente satisfecho. El problema era que no sabía de ninguna otra opción viable a la cual dirigirme que realmente saciaría mi sed a largo plazo.

Al igual que la mujer del pozo en el capítulo 4 de Juan, cuando descubrí que Jesús estaba ofreciendo agua viva que cuidaría de mis necesidades emocionales muy legítimas de una manera que apaciguara estos deseos para siempre y de una manera que la homosexualidad nunca podría, Jesús se convirtió en la opción más inteligente de escoger.

El terreno común, por lo tanto, se encuentra en el hecho de que todos somos culpables de beber del pozo equivocado para poder satisfacer nuestras necesidades emocionales. Puede ser que nunca hayas luchado con la homosexualidad, pero absolutamente todos y cada uno de nosotros nos hemos dedicado a actividades pecaminosas que podrían habernos satisfecho momentáneamente, pero que en última instancia, sólo nos dejaron con ganas de tener más después de terminar. En este sentido, el pecado ha mentido a cada uno de nosotros; todos hemos sido engañados, y todos somos culpables de comprar mercancías falsificadas: el pecado que prometió tanto pero entregó tan poco.

Por lo tanto, la condición humana rota en este mundo caído es nuestra base común. Haber vivido la experiencia muy humana de escoger el pecado para disfrutar de la satisfacción momentánea, sólo para sufrir la decepción cuando nos quedamos insatisfechos, es una experiencia colectiva mundial a la cual todos y cada uno de nosotros podemos relacionarnos.

Una posible nueva respuesta

Por lo tanto, cuando un cristiano entra en contacto con alguien de la comunidad LGBTQ o un partidario de los derechos de los homosexuales, y la pregunta inevitable está finalmente hecha "¿Qué crees sobre la homosexualidad?" hay una posible respuesta que quiero ofrecer que creo podría ayudar a encontrar el terreno común necesario, dando así al cristiano la oportunidad de mantener la conversación para que eventualmente pueda compartir las buenas nuevas de Jesús, tal como lo hizo Pablo cuando enseñó en Atenas.

En lugar de decir: "La homosexualidad es pecaminosa", la respuesta que sugiero es la siguiente: "Entiendo por qué la gente está involucrada en relaciones homosexuales. Pienso que la homosexualidad satisface muchas necesidades legítimas en la vida de las personas. Lo entiendo. Pero también creo que hay otra opción disponible que satisfará a una persona de una manera mucho más completa y verdadera que la homosexualidad o cualquier otra cosa, y es seguir a Jesús. Tan beneficiosa como puede parecer la homosexualidad, Jesús es mucho mejor. La razón por la que tantos no le siguen no es porque lo que ofrece es deficiente, sino porque la gente simplemente no conoce al Cristo real. Si la gente realmente supiera cuán maravilloso, cuán amoroso, cuán generoso, cuán compasivo y cuán totalmente gratificante y satisfactorio es Jesús cuando se trata de satisfacer nuestros déficits emocionales y las partes vacías de nuestros corazones, a todos les gustaría ser cristianos. El problema no es Jesús, ¡el problema es que la mayoría de la gente no lo conoce realmente todavía! Ese es el Jesús de quien quiero hablarte."

Querido cristiano, creo que si puedes encontrar tu propia terminología para expresar el sentimiento anterior, impulsará una discusión más amplia, no la matará. Porque habrías encontrado un terreno común en la expresión de una apreciación de por qué la gente escogería la homosexualidad, mientras que le permite saber que hay una opción mucho mejor disponible en Jesús. Y mientras muchos piensan inmediatamente que ya saben todo sobre Cristo basado en experiencias pasadas, les podrías decir que hay mucho más por aprender y que te gustaría continuar discutiéndolo con ellos. Entonces serás libre de continuar tu diálogo, invitándolo a la iglesia o a un grupo de discusión bíblica local, o incluso a un estudio personal de la Biblia individual donde puedes enseñarle sobre nuestro extraordinario y maravilloso Señor.

El máximo trabajo de vendedor en la historia del mundo

Cada día nos enfrentamos a múltiples opciones entre los productos que los anunciantes dicen que pueden hacer mucho por nosotros. Vamos a tomar detergente de lavandería como un ejemplo: el supermercado cerca de mi casa ha dedicado un pasillo increíblemente largo a un número aparentemente interminable de opciones de detergente y todos afirman que su producto de limpieza es el detergente especial que puede sacar las manchas de mi ropa mejor que cualquier otro detergente. A pesar de que cada marca realmente hace casi el mismo trabajo de calidad, todos tratan de convencerme de que su fórmula secreta y superior de jabón y agua hará lo que ninguna otra mezcla de jabón y agua puede hacer. Estoy seguro de que la verdad es que todos funcionan bien. Quiero decir, ¿qué tan difícil es fracasar con jabón y agua, verdad? Normalmente, con una selección tan grande de detergentes, la gente va a encontrar una marca que le guste y luego se queda con esta marca basada en el precio y, bueno en mi caso, el olor. Personalmente, me gusta cuando mi ropa huele el limón fresco. No quiero que tenga olor a lavanda. Así que nos quedamos con una marca basada en ese criterio increíblemente técnico e importante.

Pero supongamos que un día en realidad encontré un detergente que realmente sacó manchas mejor que cualquier otra cosa que habíamos experimentado, y olía a más limón. Siempre que el precio era correcto, puedo prometer que cambiaríamos las marcas. Quiero decir, ¿quién seguiría comprando un producto inferior una vez que estuviera convencido de que había otro producto disponible que funcionaba mucho mejor? Nadie.

No es que yo quiera reducir a Jesús al nivel de un producto, pero en el mundo de hoy donde Satanás ha proporcionado tantas opciones a la gente cuando se trata de dar sus corazones, parece que Jesús se ha convertido en una de miles de opciones, todas ellas prometiendo satisfacción y contentamiento. A medida que la gente pasea por el pasillo de la vida para ver todo lo que se está ofreciendo, los cristianos tienen que ser capaces de convencer al mundo de que Cristo es el producto superior: ¡que él puede sacar las manchas mejor que cualquier otra cosa que podrían probar! En cierto sentido, es el máximo trabajo de vendedor en la historia del mundo porque las consecuencias eternas están a riesgo.

Creo que si podemos estar individualmente abiertos a mejorar nuestra "estrategia de ventas" mientras presentamos a Jesús a este mundo perdido y moribundo, si estamos dispuestos a intentar nuevos métodos e investigar qué estrategias diferentes podrían funcionar en el contexto de hoy, y al hacer así mejoramos nuestra capacidad de explicar a la gente por qué Jesús es realmente el producto superior a cualquier otra cosa en el mercado, entonces la gente estará dispuesta a cambiar de marca, en este caso, de la homosexualidad a Jesús. Cristo se habrá convertido en la mejor opción.

Una palabra sobre la amistad

Muchos cristianos piensan que sólo tienen dos opciones cuando se trata de enseñar sobre su fe: el enfoque de "arrepentirse o perecer", o la tolerancia. Pero yo sugeriría que hay una tercera opción que la mayoría de los cristianos no consideran, o si lo hacen, no dedican mucho tiempo a ella: y eso es la hospitalidad.

La hospitalidad crea un espacio para dar la bienvenida al huésped; crea espacio y tiempo para que la gente explore las diferencias. La comunidad cristiana, cuando está viviendo de manera consistente en el camino de Jesús, debe estar marcada por un espíritu de hospitalidad: reconociendo la diferencia, enseñando la verdad bíblica, pero aun extendiendo una bienvenida mientras la gente aprende y cuestiona y trata de resolver las cosas. En un contexto pluralista, extender dicha hospitalidad es una forma de avanzar en medio de la diversidad.[4]

El temor del cristiano es que dedicar tiempo para la hospitalidad significará que está bajando los estándares bíblicos y parece aprobar comportamientos con los que no está de acuerdo. Pero hay una diferencia entre la aceptación y la aprobación. Toda la belleza de Jesús era que su aceptación de la gente no dependía de su aprobación.

Una Palabra sobre el Acoso

Hay un pequeño edificio indefinido. Cuando lo vi por primera vez en persona, me sorprendió la monotonía de su fachada. En el interior no parece nada importante, tampoco; uno nunca sabría que lo que aquí ocurrió décadas atrás encendió una tormenta de disturbios, protestas y un movimiento que ha transformado el mundo en el que vivimos, de las leyes de nuestros países (sobre todo en toda América del Norte) resultando en lo que aprenden nuestros niños en la escuela, en lo que vemos en la televisión. El Stonewall Inn, un bar gay en la ciudad de Nueva York y el sitio de los infames "disturbios de Stonewall" de 1969, se erige como el corazón y el punto de partida de lo que hoy conocemos como el Movimiento por los Derechos de los Homosexuales.

En las primeras horas de la mañana del 28 de junio de ese año, la policía volvió a atacar el negocio una vez más, algo que se había convertido en un hecho bastante común. Esta vez, sin embargo, fueron acusados de brutalidad, y si leyeras los muchos informes de lo que ocurrió durante la incursión de la madrugada, tendrías que estar de acuerdo en que las autoridades eran realmente crueles en el tratamiento de los que estaban allí. Las riñas se convirtieron en peleas y peleas en disturbios, y disturbios a largo plazo en protesta, tan largo el plazo que todavía vemos los efectos de los infames "disturbios de Stonewall" de 1969.

Los hombres y las mujeres homosexuales han sufrido a menudo el abuso verbal, emocional y físico. Como cristianos, creo que necesitamos estar con nuestros amigos y vecinos homosexuales cuando somos testigos de esto. Esta es una oportunidad para que los cristianos demuestren a esta comunidad y al mundo que aunque no veamos de cerca la cuestión de la homosexualidad y cómo se relaciona con asuntos de fe, cuando se trata de malos tratos y crueldad de cualquier tipo, los seguidores de Jesús se mantendrán al lado de los maltratados.

Cuando un seguidor de Cristo es testigo de que la gente hace chistes a expensas de otros en la escuela o en el trabajo, o peor, observa a alguien que está siendo maltratado físicamente debido a su orientación sexual, necesitamos defender aquellos que están siendo burlados y ridiculizados y no tener miedo de intervenir para proteger a los que están siendo maltratados. Cuando escuchamos de grupos como la iglesia bautista de Westboro anunciando su mensaje de odio, los verdaderos cristianos necesitan ser vocales en nuestro apoyo a hombres y mujeres homosexuales.

Las personas que conocí en la Universidad Rutgers esa noche me habían estereotipado erróneamente pensando como yo sería, basado en la insignia que llevé que decía "cristiano". Tomó tiempo para ellos escuchar mi mensaje y lo que es el cristianismo verdaderamente para poder estar dispuestos a conversar conmigo. Del mismo modo, a veces podemos estereotipar a los que están en la comunidad gay, haciendo suposiciones equivocadas sobre ellos y sus vidas basadas en la insignia que llevan que dice "homosexual". Creo que si nos centramos no en estos títulos y nombres, sino en personas, ofreciendo respeto a pesar de que no estamos de acuerdo y, a continuación, con consideración y humildemente discutiendo los temas pertinentes mientras nos centramos en la construcción de relaciones a través de ofrecer hospitalidad, estaremos bien en nuestro camino para poder realmente cerrar la brecha enorme que a menudo nos separa.

Recursos

1. Chad W. Thompson, *Loving Homosexuals As Jesus Would: A Fresh Christian Approach* (Ada, MI: Brazos Press, 2002).
2. Nick Pollard, *Evangelism Made Slightly Less Difficult: How to Interest People Who Aren't Interested.* (Intervarsity Press, 1997)
3. *Bridging the Gap: Conversations on Befriending Our Gay Neigh-*

bours, DVD (Toronto, Canadá: New Direction for Life Ministries, 2009).

Chapter Seven Endnotes

1. Dennis Comella, "Gay Minister Preaches Tolerance in Church," *The Daily Targum* (Rutgers University, New Brunswick, NJ), March 8, 2010.

2. Wendy Gritter, *Bridging the Gap,* CD (Toronto, Canadá: New Direction for Life Ministries and Bridgeway Foundation, 2009).

3. Kenneth L. Barker and John R. Kohlenberger, *Zondervan NIV Bible Commentary,* vol. 2 (Grand Rapids, MI: Zondervan Publishing House, 1994), 476.

4. Bruxy Cavey, *Bridging the Gap,* CD (Toronto, Canadá: New Direction Ministries and Bridgeway Foundation, 2009).

Capítulo Ocho

Respondiendo a las preguntas más frecuentes sobre la homosexualidad

Navegar a través de estos asuntos como cristiano es difícil para no decir más, así que permíteme tener el derecho de comenzar esta discusión con unos pocos descargos de responsabilidad. En primer lugar, no tengo todas las respuestas. Como he subrayado en otras partes de este libro, tengo preguntas que me quedan sin respuesta y he tenido que estar dispuesto a vivir con la tensión de la incertidumbre sobre los temas de la expresión sexual y cómo se combina con la doctrina y la fe cristiana.

También me doy cuenta de que mi posición sobre algunos de estos temas va a suscitar críticas, ya que no todos los que están leyendo esto estarán de acuerdo con mis puntos de vista, y eso está bien. Estos son temas confusos, por lo que es bueno que estamos tratándolos juntos, con el motivo de encontrar maneras de comunicar mejor el mensaje de Jesús a los perdidos y aprender a ser más compasivos y comprensivos hacia los discípulos atraídos por el mismo sexo en nuestras iglesias.

¿Hay una causa genética para la homosexualidad?

¿Qué causa la homosexualidad? La verdad es que nadie lo sabe. He tratado el argumento genético con más detalle en un capítulo anterior titulado "Ayuda práctica para los padres" y te sugiero que lo leas si aún no lo has hecho. Sin duda hay una gran cantidad de información disponible para aquellos que desean estudiar esto en mayor detalle que lo que estoy ofreciendo aquí. Un recurso tremendamente útil es un libro titulado Homosexuality: *The Use of Scientific Research in the Church's Moral Debate* (Homosexualidad: El uso de la investigación científica en el debate moral de la iglesia) por Stanton L. Jones y Mark A. Yarhouse. Otro recurso que deberías revisar es el libro *My Genes Made Me Do It! Homosexuality and the Scientific Evidence* (Mis genes me obligaron a hacerlo: La homosexualidad y la evidencia científica) por Neil y Briar Whitehead.*1* Jeff Buchanan, un pastor de Pensilvania, una vez lo dijo así:

> La vinculación genética y la asociación no son equivalentes a la causalidad genética. Aun así, numerosos estudios analizando un potencial "gen homosexual" se han llevado a cabo durante los últimos cincuenta años, pero ninguno ha sido replicado para probar de manera concluyente que la homosexualidad está determinada por la genética sola. Además, los investigadores no han encontrado una correlación del 100% entre los estudios de gemelos idénticos en sus grupos de estudio; si la homosexualidad es únicamente un rasgo genético, obviamente no habría diferencia entre gemelos idénticos que comparten la misma historia genética.

Incluso La American Psychological Association, un grupo conocido por sus inclinaciones a favor de la homosexualidad que a principios de los años 90 declaró que había pruebas que sugieren que la biología, incluyendo genéticos o factores hormonales innatos, desempeñaron un papel significativo en la sexualidad de una persona, oficialmente cambió su punto de visto en 2009. Su postura ahora lee:

> Aunque muchas investigaciones han examinado las posibles influencias genéticas, hormonales, de desarrollo, sociales y culturales sobre la orientación sexual, no han surgido resultados que permitan a los científicos concluir que la orientación sexual está determinada por cualquier factor o factores particulares.[2]

La conclusión de esta pregunta es que la ciencia todavía tiene que probar que hay una causa genética para la homosexualidad, y la Biblia no proporciona una respuesta a esto tampoco, excepto para hablar de la realidad de que todos nacemos en un mundo quebrado y pecaminoso, y todos nosotros exhibimos nuestras áreas de quebrantamiento en muchas formas diferentes.

Sin embargo, aunque no hay ninguna prueba científica de una

causa genética, puedo decir que como un cristiano atraído por el mismo sexo que entiendo por qué la gente argumenta que ha nacido así. ¿Por qué? Nunca desperté una mañana y simplemente decidí ser atraído por el mismo sexo. Es todo lo que he conocido, y hubiera dado cualquier cosa y aún más para que se me quitara.

Como cristiano, sin embargo, realmente no importa si la genética está involucrada o no. Sé que nada me da el derecho a pecar. Así que, aunque nací con atracción por el mismo género, Jesús me llama a vivir para él y no permitirme ser dominado por estas tentaciones (1 Corintios 6:12). Es mi cruz a llevar para ser un discípulo suyo, y ha sido una cruz que he estado más que dispuesto y deseoso de llevar por casi tres décadas porque amo a Jesús y quiero honrarlo con mi vida (Lucas 14:27).

Hay un pensamiento común en nuestra cultura hoy en día que dice: "Si se siente bien, hazlo, siempre y cuando no estás lastimando a nadie más." Este tipo de razonamiento está transmitido a menudo cuando se trata de aquellos que se identifican como homosexuales. El discípulo de Jesús no puede permitirse considerar tales opiniones como posibles para su propia vida. Claramente, ese tipo de razonamiento no funciona en ningún otro ejemplo de tentación.

Por ejemplo, la Biblia es clara sobre el hecho de que mentir es pecaminoso. Si uno está programado genéticamente para ser engañoso o no, esto no es digno de consideración, porque en ninguna parte de la Escritura se dice: "No mentirás, a menos que por supuesto estás genética-mente inclinado a ser engañoso, en cuyo caso obtendrás una exención con este mandamiento; sigue adelante y miente durante toda tu vida."

¿Nací homosexual? No; o al menos, no se ha descubierto ninguna prueba de ello. ¿Nací con la predilección por el pecado? Sí, pero mi meta es vivir rectamente. Para el seguidor de Jesús atraído por el mismo sexo, el objetivo principal no es alcanzar la heterosexualidad, sino esforzarse por ser santo.

En cuanto a cómo manejar esta discusión cuando surge con alguien que insiste que la gente nace así con atracciones del mismo sexo, yo sugeriría que no lo conviertes en una discusión. La realidad es que debido a que nunca se ha proporcionado evidencia inmutable que confirme que la gente "nace así", independientemente de lo que diga Lady GaGa, es simplemente una opinión. Para que esta afirmación se convierta en un argumento legítimo, primero debe reforzarse con una fundamentación real. No es tu responsabilidad proporcionar pruebas de que las personas no nacen homosexuales; la carga de la prueba recae en aquellos que hacen la afirmación de que nacieron así. De manera respetuosa, pide a la gente que proporcione la evidencia que puede presentar (más allá del razonamiento emocional) que confirma que esto es una realidad, con el fin de respaldar su reclamación. Si son capaces de proporcionar pruebas que creen que son aplicables, entonces podrás continuar con el diálogo.

¿Debe un cristiano atraído por el mismo sexo hacer pública su lucha?

Cada persona tiene derechos exclusivos sobre su historia; es su información personal; es como material protegido por derechos de autor. Nadie debería sentirse presionado para dejar que sus problemas de atracción del mismo sexo se conozcan públicamente. Cada individuo debe tener el derecho de revelar esta información a quien desee y en el tiempo que desee.

Hay una diferencia, sin embargo, entre divulgar esta información públicamente y decirla en privado. Creo que beneficiaría a cada discípulo de Cristo tener por lo menos uno o dos confidentes fiables y espiritualmente maduros con quienes se puede compartir esta información. Ha sido mi experiencia que sin total y completa transparencia con este tipo de hombres en mi vida, nunca habría experimentado el tipo de victoria sobre mi naturaleza pecaminosa que he experimentado.

También diría que si llegara el día en que sientas el deseo de "salir a la luz", como lo he hecho yo, con esta información privada porque deseas ayudar a los demás, hay algunas cosas de las que debes estar consciente:

- No deberías hacer esto hasta que hayas hablado con tu familia más cercana primero e incluso hayas recibido su permiso para seguir adelante. Tu lucha con las atracciones del mismo sexo nunca debe ser el tipo de cosa que tu cónyuge o tus hijos escucharían por primera vez mientras te levantas frente a una audiencia para compartir tu testimonio.

- Si vas a escribir un artículo o libro que estará expuesta a la opinión pública, primero deberías asegurarte de que los otros miembros importantes de la familia (cristianos y no cristianos), como tus padres y hermanos, estén conscientes de tus atracciones homoeróticas. Una vez más, esto no es algo que deben descubrir por primera vez al leer un artículo en Internet.

- No compartas esta información a menos que puedas hacerlo de manera clara e inequívoca desde un punto de vista de fortaleza y una historia de rectitud personal; en otras palabras, tus atracciones homosexuales no tienen control sobre ti, pero tienes control sobre ellas; esto necesita haber sido probado por cómo has vivido tu vida. En mi opinión, si has estado actuando sexualmente dentro de los últimos doce meses, no sugiero que compartas públicamente. Espera hasta que tengas, por lo menos, esa cantidad de tiempo de rectitud personal detrás de ti.

- En el contexto de la iglesia, tu anuncio público solo debe hacerse conjuntamente con el liderazgo de tu iglesia local. Deja que estas personas te ayuden a elaborar tu comunicado y ayudarte con tu tiempo. He encontrado que aquellos de nosotros que provienen de un pasado homosexual a menudo tienen una rudeza no intencional a nuestras palabras y el tono que usamos, basado en un fuerte deseo de enseñar y educar a aquellos que tal vez hayan sido insensibles con sus palabras en el pasado. Tu ministro local tiene un plan para la dirección de su iglesia; trabaja conjuntamente con él, y confía en el camino y la dirección que él te está sugiriendo. Si el liderazgo de tu iglesia local siente que deberías esperar más tiempo antes de hacer esta declaración pública, confía en su consejo. Redactando de nuevo a Jerry McGuire, "¡Ayúdales a ayudarte!"

- Las palabras son importantes. Ten cuidado de cómo compartes tu historia. Sé sensible con las personas más jóvenes de la audiencia. Nunca compartas detalles íntimos de tu pasado. Y no es beneficioso in mi opinión, como cristiano, describirte a ti mismo como "gay" o "homosexual". Di una explicación muy extensa de esto en un capítulo anterior titulado "La homosexualidad versus la atracción por el mismo sexo." Por favor, lee ese capítulo si estás pensando hacer pública esta noticia en tu vida.

¿Puede un discípulo atraído por el mismo sexo servir en un programa para niños en la iglesia?

Esta pregunta proviene de una creencia frecuente pero falsa de que la mayoría de los hombres y mujeres atraídos por el mismo sexo son atraídos sexualmente por los niños. La verdad es que la mayoría de los individuos con atracciones homosexuales no sufren de atracciones inapropiados en cuanto a la edad, y serían indignados por la sugerencia. Mientras el cristiano en cuestión esté claramente viviendo una vida justa a este respecto, debería ser capaz de servir en esta capacidad.

Como es siempre el caso, cualquier persona, sin importar sus antecedentes, debe ser examinada cuidadosamente antes de que se le permita trabajar alrededor de niños.

Quiero ayudar y alentar a los cristianos atraídos por el mismo sexo, pero temo que si me acerco demasiado emocionalmente, podrían sentirse atraídos por mí. ¿Debo preocuparme por esto?

Uno de los aspectos más hermosos del cristianismo es que tendremos relaciones cercanas y honestas y confiadas, relaciones en las cuales estaremos unidos emocionalmente a un nivel mucho más profundo y significativo con el mismo género de lo que normalmente experimentaríamos fuera de la Iglesia. Esto es bueno y es parte del plan de Dios para su pueblo. De hecho, para el discípulo atraído por el mismo sexo, casi no hay nada más que pueda ayudar a curar las deficiencias emocionales incumplidas en su juventud que por ser capaz de construir relaciones sanas y no sexuales con el mismo género en un ambiente justo.

Mi respuesta general a esta pregunta es que no tienes nada que temer. En mi experiencia cristiana de treinta años como un individuo atraído por el mismo sexo, he disfrutado del beneficio de estar emocionalmente conectado con muchos, muchos cristianos, y puedo asegurarte que salvo por las más raras ocasiones, nunca hubo atracción física involucrada en mi corazón o mente, no importa cuán estrecha sea la amistad.

Si te das cuenta sin embargo, incluí "excepto por las más raras ocasiones" en la declaración anterior. Es decir, que en las últimas tres décadas han existido casos excepcionales en los que yo sabía en mi corazón que si continuara desarrollando esta amistad, podría formar una relación co-dependiente malsana o atracción física hacia un cierto hermano cristiano. Cuando esto ha sido el caso, he sido extremadamente cuidadoso de poner límites apropiados tales como disminuir la cantidad de tiempo pasado juntos, disminuyendo el tipo de influencia que permití que esta persona tuviera en mi vida, limitando el tipo de conversaciones que teníamos, y lo más importante, siendo completamente transparente sobre esta realidad con un asesor espiritual de confianza que se comprometió a hacerme responsable en este sentido. Aplicar esos límites, junto con la oración, el tiempo y el espacio, es todo lo que se necesita para arreglar las cosas.

Como discípulo atraído heterosexualmente, deberías tratar al hermano o hermana cristiano que se siente atraído por el mismo género de una manera similar a como tratarías a cualquier otra persona. Estos hombres y mujeres son individuos increíbles con dones y talentos y cualidades asombrosas, sin mencionar el asombroso valor y valentía que han mostrado al venir a Cristo y cambiar por él. Estos son hombres y mujeres maravillosos, y tu vida será bendecida por conocerlos. No deberías tener nada que temer.

¿Convertirse en cristiano afecta los arreglos de vida de la persona atraída por el mismo sexo? Por ejemplo, antes de convertirse en cristiano, si vivía con una pareja del mismo sexo, ¿debería cambiar eso si se ha comprometido a permanecer sexualmente puro después de la conversión? ¿Y qué hay de otras posibles condiciones de vida? ¿Es aconsejable que viva con otros hombres o mujeres solteros o con estudiantes del mismo sexo?

Déjame comenzar esta sección pidiéndote que recuerdes que nunca es tu responsabilidad como cristiano forzar la obediencia piadosa, sino más bien decir la verdad con amor y luego caminar junto al individuo mientras continúas animándolo a ser recto. Dicho esto, algo a lo que los hombres y mujeres homosexuales deben comprometerse, si van a convertirse en cristianos y verdaderamente experimentar una verdadera victoria sobre la impureza y la actividad homosexual, es eliminar todas y cada una de las vías de conducta homosexual de sus vidas incluyendo, en mi opinión, cualquier relación que pudiera hacerles tropezar en su fe. Esto ciertamente incluiría arreglos de vida donde la persona que trata de convertirse en cristiano está viviendo con una pareja del mismo sexo.

Aunque aprecio el corazón de la persona que hace el compromiso de ser sexualmente puro mientras vive con su pareja, esto sería ignorar el hecho de que el lado físico de la relación es sólo una parte del vínculo que habrían construido juntos. La otra es la conexión relacional o emocional malsana que se habría formado. Es importante que los cristianos no sólo se abstengan del contacto sexual físico inapropiado, sino también de cualquier relación emocional fuerte que no esté de acuerdo con la enseñanza bíblica. Esto sería casi imposible de lograr, mientras que todavía vive bajo el mismo techo que su ex-pareja. Por lo tanto, creo que las condiciones de convivencia deberían cambiar.

Dicho esto, me doy cuenta de que especialmente para las parejas que han estado juntas durante un período prolongado de tiempo, y especialmente si hay niños involucrados, tomar una decisión sería increíblemente difícil. Como alguien que está dedicado a ayudarlos, te sugiero que avances muy lentamente y respetuosamente mientras tú compartes tus convicciones humildemente y sinceramente mientras esperas pacientemente que el Espíritu Santo haga su voluntad. Puede tomar tiempo para que la persona que deja la homosexualidad dé este paso adelante. Ciertamente debes tratar la situación con oración. Isaías 30:18-21 nos dice que es el corazón y el deseo de Dios de ayudarnos cuando se deben tomar decisiones difíciles. "Ya sea que te desvíes a la derecha o a la izquierda, tus oídos percibirán a tus espaldas una voz que te dirá: 'Este es el camino; síguelo.'" Ora para que Dios mueva el corazón de esta persona para que pueda tener la fe, la convicción y el coraje para hacer lo que sea necesario. En última instancia, sin embargo, es nuestro objetivo como cristianos ayudar a las personas a llegar a sus propias convicciones, dándoles el tiempo y el espacio para hacerlo. También te pido que recuerdes que la fe de la gente puede ser edificada viendo a Dios trabajar a través de otras áreas de su vida, lo cual le puede dar la confianza y seguridad para avanzar en estas situaciones más desafiantes. Nunca olvides que hay una persona entera que necesita ser cambiada a la semejanza de Cristo, y estas áreas pueden continuar siendo dirigidas y tratadas con oración mientras el Espíritu Santo provoca convicción y se toman decisiones.

En cuanto a si un cristiano atraído por el mismo sexo debe o no vivir con otros individuos solteros del mismo género, la respuesta corta es "sí". Sin embargo, he tenido que aconsejar demasiadas situaciones que se volvieron insalubres para no dar mis palabras de precaución aquí. Si un discípulo atraído por el mismo sexo va a vivir con otros cristianos, deben establecerse límites apropiados. Creo que estos límites son obvios, pero sorprendentemente, a menudo no lo son.

- Si es posible, el discípulo atraído por el mismo sexo debería tener su propio dormitorio. Esto no siempre es posible, especialmente en una situación de dormitorio en la escuela. Está bien; no hay razón por la cual esta situación de convivencia no puede hacerse de una manera segura y recta; si este es el caso, entonces por lo tanto hay más razones por las cuales los siguientes parámetros deberían ser respetados y seguidos.

- Los compañeros de habitación deben tener en cuenta el nivel de desnudez que se permite cuando están fuera de su propio espacio privado dentro de su hogar. Nadie debería andar por el hogar desnudo ni siquiera medio desnudo. Esto no quiere decir que el hermano o hermana atraído por el mismo género se sintiera atraído por ese individuo; probablemente no lo sería, pero por respeto, los cristianos deberían ser sabios en cómo se visten (o se desnudan) en su hogar cuando viven con un discípulo atraído por el mismo sexo.

- Un individuo atraído por el mismo sexo nunca debe, y quiero decir que nunca, compartir la misma cama con alguien del mismo sexo. No me importa que tan inocente afirma ser la gente, confía en mí; he aconsejado demasiadas situaciones que comenzaron aparentemente inocentes, pero se convirtieron en algo muy dañino. No puedo imaginar una situación en la que esto sería una cosa sabia. No sé cómo ser más claro que eso.

A mis hermanos y hermanas atraídos por el mismo sexo: me doy cuenta de que a veces es difícil vivir con tantos límites y limitaciones. Pero permítanme recordarles las palabras de Pedro en 1 Pedro 1:13-20, un pasaje al cual me he referido muchas, muchas veces para recordarme la importancia de vivir un vida recta ante Dios, sin importar lo difícil que me parezca en ocasiones.

> Por eso, dispónganse para actuar con inteligencia; tengan dominio propio; pongan su esperanza completamente en la gracia que se les dará cuando se revele Jesucristo. Como hijos obedientes,

no se amolden a los malos deseos que tenían antes, cuando vivían en la ignorancia. Más bien, sean ustedes santos en todo lo que hagan, como también es santo quien los llamó; pues está escrito: "Sean santos, porque yo soy santo".

Ya que invocan como Padre al que juzga con imparcialidad las obras de cada uno, vivan con temor reverente mientras sean peregrinos en este mundo. Como bien saben, ustedes fueron rescatados de la vida absurda que heredaron de sus antepasados. El precio de su rescate no se pagó con cosas perecederas, como el oro o la plata, sino con la preciosa sangre de Cristo, como de un cordero sin mancha y sin defecto. Cristo, a quien Dios escogió antes de la creación del mundo, se ha manifestado en estos últimos tiempos en beneficio de ustedes.

Mi hijo o hija gay quiere traer a casa a su pareja durante el fin de semana. ¿Deberíamos permitir esto?

Mi primer pensamiento sobre este tema es que, independientemente de lo que decidas, debe ser una decisión de la familia. Todos los adultos que viven en el hogar deben haber tenido la oportunidad de discutir sus sentimientos sobre el tema y un consenso debe ser alcanzado antes de tomar una decisión final sobre si o no permitir que su hijo o hija homosexual traiga a su pareja del mismo sexo a la casa para una estancia prolongada. Mi segundo pensamiento es que, como cristianos, debemos ser personas de hospitalidad, y esa hospitalidad debe extenderse a personas con las que no estamos de acuerdo cuando se trata de Dios, la iglesia y la Biblia. Yo diría que la mayoría de los padres quieren que su hijo se sienta bienvenido en casa en cualquier momento. Su hogar es siempre su hogar, incluso si quiere incluir a su compañero. Definitivamente deberías pedirle a tu hijo que respete los estándares morales de la familia. Para la mayoría de los hogares cristianos, eso incluiría límites tales como ninguna exhibición pública de afecto y que su hijo y su pareja dormirían en dormitorios separados. Creo que sería seguro asumir que si tu hijo/a trajo a casa a un novio o novia de sexo opuesto para el fin de semana, lo más probable es que les pidas que se atengan a estos mismos estándares. Asegúrate de que tu hijo o hija lo sepa y que tus peticiones no se basen en su homosexualidad, sino en la moral del hogar. Si tu hijo se niega a cumplir con esos estándares, debes dejar claro que es bienvenido en cualquier momento, pero no con su pareja del mismo sexo.

Probablemente la parte más difícil de permitir que esto ocurra será cómo decides tratar al compañero de tu hijo o hija. Te pido que recuerdes que este individuo no es el enemigo. El enemigo es Satanás, no tu hijo o su pareja del mismo sexo. Para realmente tener un impacto positivo en tu hijo y su amigo, deberías hacer muchos esfuerzos para mostrar bondad y amor a esta persona. Haz todo lo posible para que se sienta bienvenido y parte de la familia. Recuerda que esta alma está tan perdida como la de tu hijo y necesita desesperadamente la gracia y la misericordia de Dios en su vida. Ora para que al pasar tiempo con su familia, él o ella vea a Cristo y tal vez un día, después de haber construido una relación de amor y confianza contigo, te pida que le enseñes acerca del Señor. Tales cosas no son demasiado irrealistas para considerar. He hablado con padres que realmente han convertido al compañero de su hijo a Cristo. Esto sólo puede ocurrir si los padres muestran amor incondicional y aceptación a su hijo y a la pareja del mismo sexo de su hijo.

He sido invitado a una boda gay de muy buenos amigos. No estoy seguro de cómo responder. ¿Sería erróneo asistir, considerando lo que creo que la Biblia enseña sobre este tema? ¿Aceptar la invitación sería mal interpretado como aprobación de una relación que creo que es pecaminosa?

En el clima cultural de hoy, el matrimonio tradicional está siendo atacado por un muy bien financiado y vigoroso movimiento de "derechos de los homosexuales" de activistas que intentan redefinir la institución del matrimonio como algo distinto de la unión de un hombre y una mujer. La respuesta a este dilema a primera vista puede parecer obvia: una respuesta firme de "No, gracias". Y puede que tengas razón; todos tenemos que vivir de acuerdo con nuestra conciencia. Pero te pido que examines este tema a través de un conjunto de lentes de colores diferentes, cuyo tono, creo, te permitirá lograr este objetivo con éxito sin ofender a la persona que te invita y, al hacerlo, ser un digno embajador de Cristo, manteniendo la ética sexual bíblica y permaneciendo fiel a tu conciencia.

Entonces, ¿cómo te sugiero que procedas? Usando la Gran Comisión como nuestra guía, supongo que hay dos preguntas primordiales que deben hacerse. La primera pregunta es la siguiente: ¿qué respuesta a una boda gay o ceremonia de compromiso más expresaría el amor cristiano y el respeto y permitir que las puertas estén abiertas para el diálogo y amistad en el futuro? Para responder a esto, te sugiero que consideres esta realidad: tu rechazo de la invitación hablará mucho más fuerte que tu aceptación. Las posibilidades son grandes que la persona que te invita ya sabrá que eres cristiano. Casi puedo garantizar que esta persona ya ha sufrido toda una vida llena de rechazo y probablemente habrá anticipado tu respuesta negativa. Con eso en mente, te sugiero que aceptes la invitación y vayas. La negativa a hacerlo sólo inhibirá tu objetivo final, que no es hacer una declaración en defensa de la Biblia negando la invitación, sino encontrar constantemente maneras de construir confianza en esta relación, para que finalmente puedas compartir las buenas nuevas acerca de Jesús y la Biblia.

¿Cómo puedes hacerlo de tal manera que no estás cediendo a la tolerancia y rompiendo tu conciencia? Tiene todo que ver con tu manera de tratar el asunto en tu propio corazón y mente, no de cómo la pareja homosexual piensa de tu asistencia. Te animo a pensar en ir a esta ceremonia en el contexto de ser usado por Dios para mostrar amor y mantener abiertas las puertas de la comunicación en lugar de apoyar la homosexualidad. Tu presencia en el evento no tiene por qué significar que estás aprobando el matrimonio gay, pero puede demostrar que estás aceptándolos como seres humanos, que te preocupas por ellos como personas y que estás dispuesto a mantener una relación con ellos a pesar de su quebrantamiento, a pesar de que saben que no estás de acuerdo con sus opciones en este sentido. Con esta mentalidad, es posible asistir a un evento semejante sin adherirse a la definición de tolerancia de la sociedad, de manera que toleras todo y no tienes convicciones en nada.

No puedes afectar a la gente solo diciéndoles lo que estás en contra. Toda la idea de compartir las buenas nuevas de Cristo es poder construir un puente con un mundo que sabemos que hará muchas cosas con las que no estamos de acuerdo. Pero, ¿cómo podemos construir estos puentes con personas que necesitan escuchar este mensaje si no estamos dispuestos a estar con ellos, vivir con ellos y mezclarnos con ellos?

Algunos sostienen que Cristo no aprobó cómo vivían los recaudadores de impuestos, los borrachos y las prostitutas, pero eso no le impidió mezclarse con ellos, compartiendo comidas con ellos y haciendo amistad con ellos, lo que significa que deberíamos ir a una boda gay. El Dr. F. LaGard Smith, un amigo y miembro de confianza de mi Junta Consultora, me señaló que usar el ejemplo de Jesús comiendo con pecadores como una razón para que un cristiano asista a una boda gay no es exacto; compartir una comida con alguien es un evento moralmente neutral, mientras que asistir a una boda gay no es moralmente neutral para el cristiano. Buen punto. Con eso dicho, hay una diferencia entre la aceptación y la aprobación. Todos somos culpables de participar en múltiples actividades y patrones de pensamiento que Dios ciertamente no aprueba, pero él acepta y ama incondicionalmente a cada uno de nosotros.

Asistir a una boda gay o ceremonia de compromiso no significa necesariamente que tienes que aprobar el matrimonio gay o que estás dando paso a los activistas gay con la intención de redefinir la definición del matrimonio. De hecho, la pareja homosexual cuya boda estás asistiendo muy probablemente no son "activistas" gay, porque eso no es más que un pequeño grupo en la comunidad homosexual. Lo más probable es que los amigos que están allí para impactar son sólo personas regulares, que viven sus vidas, no quieren ofender a nadie. Si llega el día en que se te da la oportunidad de compartir tus creencias bíblicas, definitivamente deberías hacerlo. La conclusión es siempre esto: Jesús es mejor que cualquier cosa que la homosexualidad puede proporcionar; es mejor que cualquier otra cosa, punto. Pero, ¿cómo podrás compartir esa realidad si has ofendido tanto a todos los que te rodean por tu posición que ya no les importa escuchar lo que tienes que decir?

Mi punto de vista es que negarte a asistir sólo confirmaría la idea preconcebida de la gente acerca de lo que haría un cristiano, cerrará el futuro diálogo y comunicación y cerrará las puertas para que puedas compartir con eficacia las buenas nuevas de Jesús con ellos en el futuro. Yo digo que deberías ir, habiendo decidido que tu objetivo es ser un representante amoroso de Cristo, en contraposición a ser uno que teme que está expresando tolerancia de una unión con la cual no está de acuerdo.

¿Qué posición debería tomar un cristiano sobre el matrimonio gay?

No puedo imaginar a muchos cristianos en realidad argumentando el punto de que el matrimonio, tal como lo define Dios en la Escritura, no debe ser reservado exclusivamente para la unión entre un hombre y una mujer. La Biblia es muy clara en esto (Génesis 1:27, Génesis 2:22-24, Mateo 19:4-5, Efesios 5:22-25, Marcos 10:6-9).

Cuando estamos discutiendo el matrimonio entre personas del mismo sexo, es fundamental que expresemos claramente de qué se trata realmente este debate y de qué no se trata:

- No se trata de si los gays y las lesbianas son buenas personas o buenos ciudadanos. Algunos son, y otros no, como los heterosexuales.

- No se trata de si los gays y las lesbianas pueden conformarse con relaciones amorosas, por supuesto que sí.

- No se trata de si los gays y las lesbianas pueden ser padres amorosos. Hay parejas homosexuales cariñosas y atentas que crían a niños por todo el país.

- No se trata de si uno debería o no tratar a los gays y lesbianas con respeto y dignidad. Todos los miembros de la raza humana deben ser tratados con respeto y dignidad.

Esto es lo que creo de qué se trata este debate:

- Se trata de si tenemos el derecho de redefinir el matrimonio de modo que sea lo suficientemente amplio como para incluir a cualquier grupo de adultos.

- Se trata de si reconocemos la maravillosa diversidad humana expresada en los dos sexos, hombres y mujeres.

- Se trata de si los hombres y las mujeres se complementan y se completan mutuamente en sus diferencias.

- Se trata de si las madres y los padres desempeñan roles únicos e insustituibles en la vida de los niños, precisamente por su sexo.

- Se trata de si hay razones sociales convincentes para definir el matrimonio como una cosa y no como otra.[3]

Dicho esto, desde que la primera edición de este libro fue lanzada en 2012, la Corte Suprema de los Estados Unidos ha legalizado el matrimonio homosexual en ese país, uniéndose a varias otras naciones alrededor del mundo que las precedieron, incluyendo mi país natal Canadá. Dependiendo de dónde vivas, entonces, se ha determinado legalmente que la definición de matrimonio es de hecho suficientemente amplia para incluir a los homosexuales, y pronto seguirá, estoy seguro, cualquier grupo de adultos. Personalmente no tengo ningún problema con esto. Con la libertad de elección que Dios ha dado a toda la humanidad, respeto los derechos de las personas de perseguir sus sueños y vivir como deseen. Me doy cuenta de que a muchos no les importará lo que la Biblia enseña sobre la ética sexual, y sería erróneo esperar de alguna manera que vivan según un estándar al que no respetan ni se preocupan por seguir. En este sentido, si los homosexuales quieren casarse, ese es asunto suyo. Por supuesto, si la conversación es centrada en la Biblia, entonces eso es una discusión completamente nueva.

Cuando se trata de la cosmovisión bíblica, una relación heterosexual y monógama, tal como fue presentada por primera vez en Génesis, es el único modelo de comportamiento sexual constantemente elogiado tanto en el Antiguo como en el Nuevo Testamento. Si bien es cierto que otras formas de comportamiento sexual como la poligamia están permitidas en el Antiguo Testamento, una relación comprometida entre marido y mujer es el estándar sostenido como el ideal en toda la Escritura, y ni una vez la homosexualidad fue elogiada o presentada como un ejemplo de algo que debe ser imitado.

Supongo que la verdadera cuestión para el cristiano no es si el matrimonio homosexual debe o no ser legal, ya que parece poco realista confiar en nuestros sistemas judiciales y políticos para votar según los valores y la moral cristiana, sino cómo debería el discípulo de Cristo tratar esta cuestión de política social en la plaza pública. En otras palabras, ¿hasta qué punto debe un cristiano involucrarse en la reforma social? Aunque aplaudo a aquellos de nosotros que se involucran en diversas causas en nuestra sociedad para mejorar la vida de los demás, creo que en general, como cristianos, sería prudente no permitir que la reforma social sea nuestro ideal o prioridad. Si bien estoy seguro de que tiene su lugar en ciertos momentos, cuando se trata de temas como el matrimonio homosexual, no estoy muy confiado de que luchar contra ella en la plaza pública es nuestra responsabilidad, o que debería ser nuestra principal preocupación.

Creo que la concesión genera concesión, así que no estoy sugiriendo en absoluto un aflojamiento de la ética sexual bíblica. Como he dicho a lo largo de este libro, en los numerosos artículos que he escrito en muchos foros diferentes, y en los talleres que he enseñado públicamente, los cristianos necesitan enseñar audazmente las normas que Dios ha establecido para la sexualidad humana; pero también creo que esto debe hacerse con una enorme sensación de humildad y bondad que instará a la gente a escuchar realmente lo que tenemos que decir en lugar de usar un tono combativo que sólo alejará a la gente. Porque más allá de toda la política, los argumentos, las declaraciones públicas y los titulares hay personas reales, con vidas reales, carreras, amigos, heridas, pasatiempos, facturas, problemas, padres y hermanos, la mayoría de los cuales no son militantes "activistas", sino gente común que sólo quiere vivir su vida pacíficamente. La mayoría quiere contribuir a sus comunidades; quieren hacer una diferencia positiva en el mundo. Son seres humanos amables y generosos y maravillosos que también necesitan escuchar el verdadero mensaje de Cristo. Yo personalmente creo que si los cristianos hacen de su objetivo principal combatir el tema del matrimonio entre personas del mismo sexo en el ámbito público y político, se volverán más conocidos por lo que oponen en lugar de lo que promueven. Se identificarán más como manifestantes que como cristianos. Ellos terminarán hablando tan alto sobre temas sociales que los perdidos no estarán dispuestos a escuchar lo que dicen cuando finalmente se ponen a hablar de Jesús.

Recursos

1. Robert A. J. Gagnon, *The Bible and Homosexual Practice: Texts and Hermeneutics* (Nashville, TN: Abingdon Press, 2001).
2. Joe Dallas, *The Gay Gospel* (Eugene, OR: Harvest House, 2007).
3. Romell D. Weekly, *The Rebuttal: A Biblical Response Exposing the Deceptive Logic of Anti-Gay Theology* (Judah First Publishing, 2011).
4. Dan O. Via and Robert A. J. Gagnon, *Homosexuality and the Bible: Two Views* (Minneapolis, MN: Fortress Press, 2003).

Capítulo Ocho - Notas Finales

1. Neil Whitehead and Briar Whitehead, *My Genes Made Me Do It! Homosexuality and the Scientific Evidence* (Whitehead Associates, 3rd edition 2013).

2. "Sexual Orientation and Homosexuality," The American Psychological Association, el 21 de mayo 2012, http://www.apa.org/helpcenter/sexual-orientation.aspx.

3. Bill Maier, "Same-Sex Marriage" in Joe Dallas and Nancy Heche, *The Complete Christian Guide to Understanding Homosexuality* (Eugene, OR: Harvest House, 2010), 364–65.

They Were Damaged Goods Destined
for the Scrapheap of Humanity

FRAGILE
handle

RETURN
TO SENDER

When There's Nowhere
Left to Go But Home

Guy Hammond

Available at www.ipibooks.com

Thriving Beyond the Margins

How the Same-Sex Attracted CAN Live Faithful Christian Lives

A Six-Part Bible Study Workbook
for Friends Helping Friends

Guy Hammond

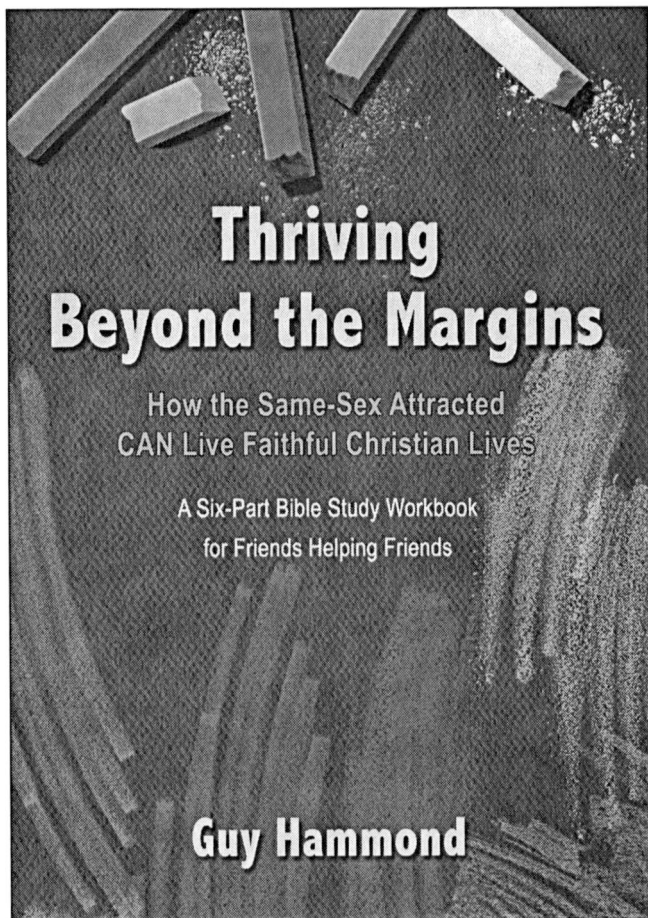

Available at www.ipibooks.com

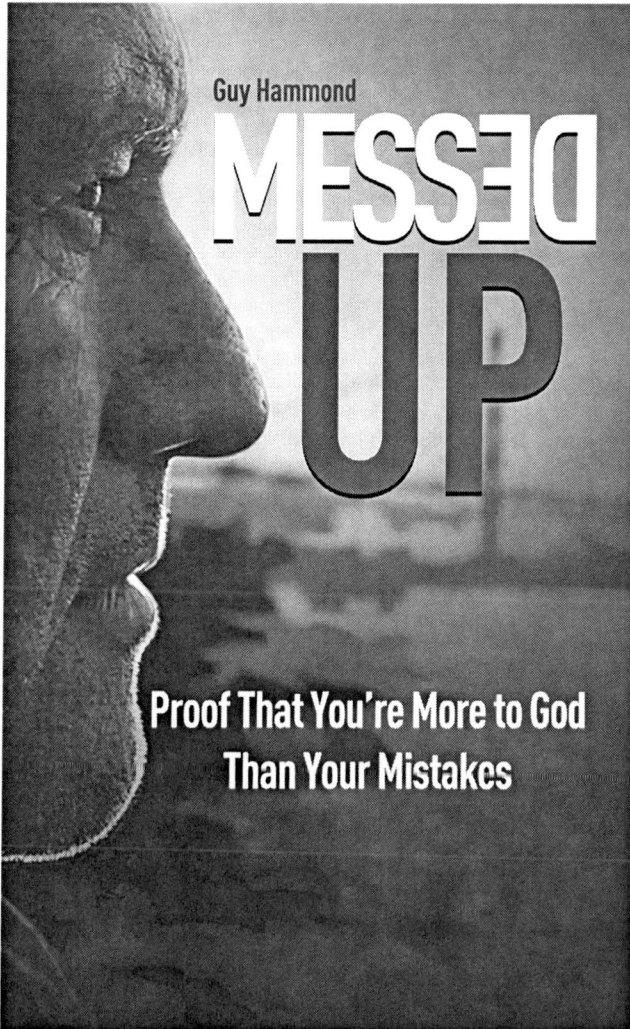

Available at www.ipibooks.com

How to Defeat Temptation in Under 60 Seconds

60

And How to Recover Quickly When You Don't

TEMPT-AWAY

Guy Hammond

Available at www.ipibooks.com